Secretos de la oración

F. J. HUEGEL

Edición autorizada por
Editorial Portavoz
P. O. 2607
Grand Rapids, MI 49501
Estados Unidos

Copyright © 2012 por DIME
(Distribuidora Internacional de Materiales Evangélicos)

Traducido al español por Daniel E. Hall

Diseño de la portada por Jennifer Kute

Citas bíblicas tomadas de la versión Reina Valera 1960

Edición publicada y distribuida por la
Editorial DIME
(Distribuidora Internacional de Materiales Evangélicos)
P. O. Box 490
Cupertino, CA 95015
Estados Unidos.
e-mail: libros@dime.org

Contenido

1. La oración es trabajo 1
2. La ley de la expiación 9
3. La ley de la posición 15
4. La ley de la fe 21
5. La ley de las relaciones cordiales 29
6. La ley de la voluntad de Dios 37
7. La ley de la inspiración del Espíritu 43
8. La ley de la alabanza 51
9. La ley del motivo debido 59
10. La ley del diagnóstico correcto 67
11. La ley de la guerra 75
12. Oraciones que han hecho historia 83
13. Buenas razones 93
14. Si dos de vosotros se convinieren 99
15. El por qué de la oración no contestada 107

1

La oración es trabajo

Se dice a menudo que la oración es la fuerza más poderosa del universo. Y no es una exageración. Puede demostrarse que es así. En esta era atómica, en que se están poniendo en juego fuerzas que hacen trastabillar al pensamiento y la imaginación del hombre, vale la pena recordar que la oración trasciende a todas las demás fuerzas.

La razón está a nuestro alcance. La oración no pone en juego alguna fuerza del hombre o de la naturaleza. La oración pone en juego la riqueza y el poder inconmensurable del Dios Todopoderoso. *"Clama a mí"*, dice por medio del profeta Jeremías, *"y yo te responderé, y te enseñaré cosas grandes y ocultas que tú no conoces"* (33:3). Ahí está. *"y yo te enseñaré cosas grandes y ocultas"*. Es la voz de Dios. Es el Soberano, Creador y Sostenedor omnipotente de cien millones de universos —así hablan los astrónomos hoy de la creación— que nos da aquí su palabra.

En verdad, El dice que si tú quieres orar, El hará. El, para quien nada es imposible, que habló y surgieron los mundos sin número, compromete su pa-labra santísima e inmutable, en el sentido de que, si nosotros queremos buscar su rostro por medio de la oración, El hará cosas grandes y poderosas como jamás ha imaginado la mente del ser humano.

Se comprende que las cosas grandes y maravillosas que promete hacer el Señor del cielo y de la tierra son aquellas que contribuyen al bienestar de los hijos de los hombres. El Señor está interesado en la redención de la humanidad. Para conseguirla, se ha jugado todo lo que tiene, por decirlo así. No escatimó a su propio Hijo, sino que lo dio por todos nosotros. Dio lo que para El vale más que un millón de mundos. El propósito supremo de Dios tiene como meta la felicidad eterna de los hijos de los hombres.

Por eso es que se dio El mismo en la persona de su Hijo unigénito, el Amado del Padre, para que, muriendo con dolor y vergüenza infinitos en la cruz infamante, destruyera para siempre el pecado, el monstruo que esclaviza, el enemigo del bienestar y de la felicidad del hombre. Dios hará cosas grandes y maravillosas en contestación a las oraciones de sus hijos, para que Cristo, el Redentor, sea entronizado en el corazón de los hombres, y sea establecido su reino.

El hecho de que Dios se haya limitado a sí mismo, en un sentido real, a realizar las obras grandes y poderosas que El desea hacer para el bienestar del hombre en respuesta a las oraciones de su pueblo, debería resultar un alicien maravilloso para todos los cristianos a que se den cuenta de la tremenda responsabilidad que les incumbe. Hablando claramente, si no queremos orar, Dios no puede hacer. Se nos dice que Jesús, nuestro Señor, no pudo realizar en Nazaret, la ciudad donde se crió, las obras poderosas de amor y sanidad que estaba dispuesto a llevar a cabo, y que ello se debió a la incredulidad de la gente.

La incredulidad y la falta de oración brotan de la

misma raíz. Así como la incredulidad ató las manos del Salvador, la falta de oración ata las manos de Dios. Es posible que uno de los misterios profundos de la teología sea precisamente por qué la falta de oración por parte del hombre pudiera limitar las cosas grandes y poderosas que Dios quiere efectuar para el bienestar y la gloria del hombre; pero ahí está. Si hay algo a lo cual la Biblia da testimonio elocuente, es a este hecho; y la Biblia ha sido llamada el libro de texto de la oración. Si en ella hay enseñanza que se destaca como escrita con letras de fuego, es que si Dios ha de efectuar obras grandes y maravillosas en los asuntos de los hombres y las naciones, llevando adelante el sublime propósito de redención, entonces los hombres deben orar; deben elevar su voz al trono de la gracia en súplica fervorosa y sincera adoración. Deben orar como Abraham, orar como Jacob, orar como Moisés, orar como Isaías y los profetas; sí, orar como Jesús nuestro Señor y sus apóstoles.

No queremos restar importancia a otras formas de servicio para establecer el reino de Dios. Pero tenemos que admitir que la oración está en primera línea. *"Porque las armas de nuestra milicia no son carnales, sino poderosas en Dios"*. Para que todas las formas de servicio cristiano sean realmente fructíferas, tienen que estar sostenidas por la oración. El hombre puede hacer cosas buenas y beneficiar a sus semejantes sin la oración; pero los fines de Dios, donde están escondidos el bien y la felicidad eterna del hombre, no pueden ser alcanzados de esa manera.

La vida de nuestro Señor es un ejemplo vivo de ello. Como hombre, no hizo nada sin oración. No inició nada sin esperar en su Padre en espíritu de oración. Por eso sentó un principio invariable cuando dijo, *"No puede el Hijo hacer nada por sí mismo, sino lo que ve hacer al Padre"* (Juan 5:19). Para el Hijo del hombre la oración era la respiración de su vida. *"Padre"*, dijo Jesús cuando estaba parado ante la tumba de Lázaro, *"gracias te doy por haberme oído. Yo sabía que siempre me oyes"* (Juan 11:41, 42). Su palabra final en la cruz fue una oración, y se nos dice que El vive para interceder por nosotros.

La oración es el privilegio más grande que tiene el ser humano, y su gozo más preciado, puesto que por medio de ella mantiene comunión con su Padre celestial que es la Fuente de la Vida, y es también el medio más poderoso que el ser humano tiene a su alcance para triunfar. Ante ella todo lo demás se eclipsa, así como las estrellas ante el sol naciente. Todo lo demás deja al hombre empantanado en el barro y en el caos de sus propios esfuerzos, que nunca han resultado ser más que un callejón sin salida. Todo lo demás lo deja como un débil barquichuelo en medio de las tormentas de la vida, sin timón, sin brújula y sin piloto.

Si construimos sin la dirección que viene del Altísimo, que ordena todas las cosas para el bien del hombre de acuerdo a un plan divino y eterno (y aquí aparece la definición más elevada de la oración, mediante la cual escuchamos a Dios y recibimos fuerza para obedecer), nuestros trabajos finalmente quedarán en la nada, por brillantes que sean. Solamente la persona que hace la voluntad de Dios permanece para siempre, 1 Juan 2:17. La oración, en su forma más genuina y en su expresión más profunda y valedera, consigue que las horas y esfuerzos del pequeño día del hombre se fundan armoniosamente con el gran molde y los propósitos del

Padre de las luces, dando de esa manera gloria y permanencia a los éxitos humanos que, de otra manera, serían insignificantes.

La oración es trabajo de un orden tan sublime que está mucho más allá de la imaginación humana. Porque cuando el cristiano ora, su capacidad de alcanzar y su poder de hacer bien se ven multiplicados mil veces; aún más: cien mil veces. Esto no es exagerar. Y la razón reside en el hecho de que cuando el hombre ora, Dios trabaja. Ya no se trata del mero hombre, aunque sin la cooperación del ser humano, el vasto motor de los alcances y de los éxitos espirituales carecería de bujía, por decirlo así. El hombre es quien pone en movimiento la riqueza del banco del cielo. El hombre es quien se funde con los propósitos de Dios y hace posible su realización. Es el hombre, más Dios. Pero, ¡qué más! Más aún: es Dios que liberta sus incomparables energías en favor de un factor decisivo, sin el cual la omnipotencia sería impotente, en cierto sentido. Recordemos a Moisés situado en la encrucijada cuando los hijos de Israel adoraron al becerro de oro, orando por ellos porque la ira del Señor se encendió y se propuso destruir a Israel.

Escuchemos la voz de Dios cuando habla y dice, *"Y busqué entre ellos hombre que hiciese vallado y que se pusiese en la brecha delante de mí, a favor de la tierra, para que yo no la destruyese; y no lo hallé. Por tanto, derramé sobre ellos mi ira; con el ardor de mi ira los consumí ..."* (Ezequiel 22:30, 31). Presenciemos las proezas de los George Müllers y de los Hydes de la India y de los David Brainerds y de las Amy Carmichaels de la Iglesia.

Uno podría abrir el libro de los Salmos, casi al azar, y encontrar pasajes como éste:

"Fueron afligidos los insensatos, a causa del camino de su rebelión y a causa de sus maldades; su alma abo-minó todo alimento, y llegaron hasta las puertas de la muerte. Pero clamaron a Jehová en su angustia, y los libró de sus aflicciones. Envió su palabra, y los sanó, y los libró de su ruina. Alaben la misericordia de Jehová, y sus maravillas para con los hijos de los hombres" (Salmos 107:17-21).

El poder de la oración aparece claramente en las palabras que el presidente Eisenhower escogió como texto el día que asumió el mando presidencial: *"Si se humillare mi pueblo, sobre el cual mi nombre es invocado, y oraren, y buscaren mi rostro, y se convirtieren de sus malos caminos; entonces yo oiré desde los cielos, y perdonaré sus pecados, y sanaré su tierra"* (2 Crónicas 7:14).

Además, cuando el ser humano ora, ya no se encuentra encerrado dentro del círculo de una actividad meramente humana. La pequeña esfera de acción dentro de la cual trata de hacer el bien para bendecir a las almas entenebrecidas y necesitadas de la liberación redentora del Evangelio de Cristo llega a ensancharse y ser tan vasta como la vida de las naciones.

Cuando predica, puede bendecir a una congregación de creyentes, si es que es un heraldo de las buenas nuevas del amor de Dios; pero cuando ora, su capacidad para bendecir no tiene límites. Puede orar, como se le aconseja que lo haga, por todos los santos, y bendecir, en consecuencia, a cien millones de cristianos, sí, a todos los miembros del cuerpo de Cristo. No es él, sino el Señor el que sostiene el universo, da a todas las cosas su virtud, y cuyo poder no conoce límites.

Por medio de la oración todo creyente puede alcanzar los fines de la tierra y formar parte de un ministerio universal. La oración posibilita a cada cual para que abra su mano beneficiosa y grandemente dadivosa para que bendiga a muchas almas en tierras lejanas. Por medio de la oración puede desatar fuerzas que lleven redención a razas maldecidas por el canibalismo y la idolatría y la superstición y la desesperación que se hallan en continentes allende los mares. ¡Qué hecho estupendo! Jesús, nuestro Señor, en la oración sacerdotal, oró por todos aquellos que habrían de creer en El, Juan 17:20. Su oración abarca las edades. Del mismo modo nuestras oraciones pueden bendecir a gente que no ha nacido todavía.

Estando sobre nuestras rodillas podremos empujar misioneros que vayan a los lugares más lejanos del paganismo humano, azotado por toda suerte de pecados; podremos visitar todas las cárceles de América y llevar luz a las almas que lloran en secreto, envueltas por la agonía de una noche interminable; podremos visitar todos los prostíbulos del mundo y arrancar las almas que se consumen en las llamas de una vergüenza que no tiene fin, y llevarlas a Quien perdonó todo a la mujer que besó sus pies sagrados y los lavó con sus lágrimas. Para que nadie crea que somos víctimas de una hipérbole alocada, recordamos al lector lo que el Salvador dijo en Lucas 10:2, *"La mies a la verdad es mucha, mas los obreros pocos; por tanto, rogad al Señor de la mies que envíe obreros a su mies"*, y en Juan 15:7, " *Si permanecéis en mí, y mis palabras permanecen en vosotros, pedid todo lo que queréis, y os será hecho"*. El tiempo y el espacio no son barreras para Dios. El puede operar inmediatamente en el corazón del hombre, y en todas partes. ¿Acaso el Salvador, cuando habló de la venida del Espíritu Santo, no dijo que El convencería al mundo de pecado? ¿Y no se nos ha dicho que la voluntad de Dios es que nadie se pierda? ¿Y no está escrito que Cristo Jesús es la propiciación por los pecados de todo el mundo? 1 Juan 2:2.

Cuando los hombres se arrodillan y claman a Dios, en cierto sentido son tan poderosos como el Todopoderoso. No queremos que se nos entienda mal. No queremos ser irrespetuosos. Decimos solamente lo que Dios dice en su Santa Palabra: *"Clama a mí, y te responderé, y te enseñaré cosas grandes y dificultosas que tú no sabes"*. Ora, dice el todopoderoso Dios, y yo haré. *"Si algo pidiereis en mi nombre, yo lo haré"*. *"Invócame en el día de la angustia: te libraré, y tú me honrarás"* (Salmo 50:15).

Ven, dice Dios en realidad, dobla tus rodillas y llámame. Mientras oras, yo haré. Comprometo mi omnipotencia. A veces no verás el cambio inmediatamente, aunque habrá casos que yo contestaré antes que mi pueblo clame. Si el hombre quisiera sólo creer y esperar, todas las cosas le serían posibles. Hasta el curso de la historia puede ser cambiado. Porque para mí no hay nada imposible.

Vuelvo a repetir las palabras de las Sagradas Escrituras, donde el Señor dice: *"Y busqué entre ellos hombre que hiciese vallado y que se pusiese en la brecha delante de mí, a favor de la tierra, para que yo no la destruyese; y no lo hallé. Por tanto, derramé sobre ellos mi ira; con el ardor de mi ira los consumí; hice volver el camino de ellos sobre su propia cabeza, dice Jehová el Señor"* (Ezequiel 22:30, 31).

2

La ley de la expiación

Dijimos que la oración es la fuerza más grande del universo. Agregamos que el Dios todopoderoso da su palabra en compromiso solemne de que El hará si el ser humano solamente quiere orar. Pero Dios no formula "preciosas y grandísimas promesas" sin estipular, en forma bien precisa, las condiciones que deben prevalecer en la parte humana, para que los resultados de la oración concurran con las promesas.

Santiago declara que no tenemos porque no pedimos. Es tan simple como eso. Y agrega que pedimos y no recibimos porque pedimos mal, dándonos a entender que, después de todo, el asunto no es tan sencillo. O en otras palabras: la oración, como todas las cosas, tiene sus leyes que han de ser tomadas en cuenta. En todo el universo material no existe fenómeno alguno que no esté regido por una ley y todo esto no es menos cierto en el mundo espiritual como lo hizo notar años atrás Henry Drummond en su libro *La ley natural en el mundo espiritual*, que hizo época. Todas estas leyes están en la Biblia, aunque en ella no se hable de ellas como tales. La Palabra de Dios es nuestra guía infalible.

La ley de la expiación es la más básica y fundamental. No sólo es el fundamento de la vida cristiana sino también de la oración que surge de esa vida. Y es muy sencilla. No se trata de una intrincada cuestión teológica comprendida por unas pocas personas, se trata de lo siguiente: Ningún ser humano, sea quien sea y llámese como se llame, puede presentarse en la presencia de Dios y esperar mantener una audiencia, basándose en sus propios méritos. Su propia rectitud y méritos no sirven para nada. Contamos con la autoridad de las Sagradas Escrituras para declarar que la justicia humana es como trapos sucios en la presencia de Dios. Nada de lo que el ser humano pueda hacer lo hará aceptable ante Dios. El desastre que el pecado ha producido es demasiado trágico y terrible. Tenemos que mostrarnos firmes y enérgicos sobre este particular, porque en el mundo que nos rodea existe mucha charlatanería acerca de la oración que pretende que pensemos de otra manera.

Todo ese engaño pasa por alto esta primera y básica ley de la oración. La Cruz de Cristo es despreciada. Se dice que la sangre de la expiación no es santa. Satanás ha metido la mano en este asunto, pero se olvidó de esconderla. Toda oración que se base en otro fundamento que no sea el Calvario es un engaño satánico, porque la declaración de Cristo de que nadie puede ir al Padre sino por medio de El es un hecho todavía.

Nosotros entramos al lugar santísimo por medio de la sangre de Jesús, por el camino nuevo y vivo que El consagró para nosotros, por el velo, esto es, su carne, o sea su cuerpo, Hebreos 10:19 y 20. Cristo es la puerta, quien nos ha sido hecho por Dios sabiduría y justificación, y santificación, y redención, 1 Corintios 1:30, y somos aceptos delante del Padre, sólo y únicamente cuando nos apropiamos al Señor Jesús como Mediador, por medio de la fe. Pero esto no significa que basta terminar la oración con la frase acostumbrada de "En el nombre de Jesús", significa algo mucho más hondo, como hemos de ver.

Con todo, si queremos estar delante del Padre, parados sobre el terreno inconmovible que jamás ha sido puesto en duda —terreno que Dios mismo ha provisto, que es el único que a El le satisface y que al mismo tiempo satisface al hombre que sin la limpieza del Calvario no tendría el coraje o la fe para enfrentarse con un Dios santo, a quien ha ofendido tan amargamente— tiene que ser solamente sobre la roca fundamental que proporciona la cruz.

Existen muchos otros medios de declarar el hecho más asombroso del universo, como por ejemplo: Que nuestro bendito Redentor llevó, cargó con nuestro pecado, cuando fue clavado en la cruz. Que El, que no conoció pecado, fue hecho pecado por nosotros, para que nosotros seamos hechos justicia de Dios en El. Que Dios estaba en Cristo reconciliando el mundo consigo mismo. Que nosotros nos acercamos a Dios en completa certidumbre de fe, porque nuestro gran Sumo Sacerdote, una vez que hubo purgado nuestros pecados por sí mismo, se sentó a la diestra de Dios en las alturas. Que tenemos que lavar nuestras vestiduras, como está escrito en el libro del Apocalipsis, y emblanquecerlas en la sangre del Señor Jesucristo, el Cordero de Dios. Así lo afirma la Sagrada Escritura.

Ahora bien: si pudiéramos allegarnos a Dios por otro medio, por otro camino, tal como parece proclamarlo gran parte de la erudición religiosa de nuestra época, entonces Dios traicionaría al Hijo que a un costo tan grande de dolor, vergüenza e ignominia, tortura y muerte, dio hasta la última gota de su preciosa sangre en la cruz del Calvario, terriblemente espantosa, para que el pecado del ser humano pueda ser borrado.

Quien no honra al Hijo, no honra al Padre que lo envió. Seamos honrados y sinceros en todo cuanto concierne a este problema, no sea que el enemigo nos engañe, porque en el asunto de la oración es donde el enemigo emplea toda su sutileza y sus astutas maquinaciones. Nosotros no tenemos otro pie sobre el cual pararnos; ninguna base firme de esperanza; ningún camino cierto y seguro para acercarnos al santo Dios, si no es el que ha sido provisto por el Cordero de Dios que quita el pecado del mundo.

Es cosa terrible acercarse a Dios. Los israelitas no pudieron soportar las manifestaciones de la presencia de Dios en el Monte Sinaí, y hasta Moisés tembló y tuvo miedo. La verdad del asunto es que el pecador huye de la presencia de Dios, y se esconde aterrorizado. El temor se apodera de su corazón y, cuando contempla sus vestiduras tan sucias, manchadas y enlodadas por el pecado, y recuerda las incontables veces que ha violado las leyes de Dios y despreciado su amor, se da cuenta de que no puede presentarse delante de Dios, como tampoco podría presentarse ante el banquero el pistolero que acaba de robar su banco.

¡Ah!, pero cuando uno mira al Calvario y ve al Salvador que carga con su pecado, entonces el corazón se inunda de una confianza ilimitada y resulta fácil llegarse a Dios en oración, creyendo que se recibirá lo que se pide. La oración, basada en el Calvario donde Dios y el hombre se unen, puede llegar a ser un elemento cósmico ilimitable en cuanto a su alcance y a su poder.

No hace mucho tiempo tuve una experiencia que me ayudó a ver claramente este asunto con fuerza irresistible. Había sido llamado al Hospital Británico-

Americano para que viera a una señora que yo había conocido desde su más tierna infancia.

La encontré paralizada desde la cabeza hasta los pies. Me susurró diciéndome que no se trataba de poliomielitis, pero que los médicos no sabían qué era la enfermedad que padecía. Después de una breve visita, oré con ella para que el Señor la curara. Al salir del hospital me di cuenta que el Señor me reprendía, diciéndome que me había apresurado demasiado y que no había comprendido el significado de la situación. Le pedí que me perdonara y corrí a mi casa.

Algunos días más tarde volví al hospital para ver cómo estaba esa alma en pena. Estaba igual. Mientras me encontraba sentado al lado de su lecho, pedí al Señor la luz que necesitaba para saber cómo proceder. Me vino al instante. Observé que la paciente estaba dispuesta a conversar acerca del amor de Dios, pero que en el momento que yo mencionaba la cruz de Cristo como la base para que el pecador pueda acercarse a Dios, en sus ojos se reflejaba una mirada extraña como de rebelión e incredulidad. Cualquier referencia a la sangre de Cristo que limpia de todo pecado parecía sacudir ese cuerpo paralizado con obstinación satánica.

Cuando dejé el hospital, di gracias a Dios por haberme mostrado dónde y cómo tenía que emprende la lucha. Mientras iba por la calle camino a mi casa, resolví en mi espíritu oponerme al enemigo, y en el nombre del Señor Jesús, pedí liberación para esa querida alma de los poderes de las tinieblas, basándome en la victoria obtenida en la cruz del Calvario. Mi corazón se inundó de paz, porque sabía que el Señor me había dado la clave de la situación y que todo saldría bien.

Al volver días más tarde, la enferma había experimentado un gran cambio. No digo físicamente, pero sí, espiritualmente. Ahora pude hablarle del Salvador que llevó sus pecados en su cuerpo cuando murió en el Calvario, y de cómo El nos reconcilia con el Padre por medio de la sangre que vertió en esa vergonzosa cruz. Y la puerta del corazón de la paciente se abrió. Yo pude penetrar y contarle del Salvador crucificado y resucitado, por cuyas heridas hemos sido sanados. Salí contentísimo del hospital, seguro de que ese cambio espiritual redundaría muy pronto sobre el estado físico también.

Cuando regresé a la semana siguiente, encontré que la paciente tenía el rostro lleno de vida y de salud, y que movía las piernas llena de una alegría indecible. No quedaba más que hacer que dar gracias a Dios, por ser El el dador de toda bendición. Cuando volví al hospital a la semana siguiente, la enfermera me informó que la paciente estaba curada y había vuelto a su hogar.

Un año después recibí una carta de esta señora muy estimada, anunciándome la llegada de un bebé y que ella tenía la inmensa felicidad de ser madre. Sí, cuando nos llegamos a Dios el Padre, en el nombre de su Hijo unigénito bien amado que llevó nuestros pecados en su cuerpo en la cruz del Gólgota, y cuya sangre preciosa nos limpia de todo pecado, entonces podemos atrevernos a hacer conocer nuestras peticiones, en la confianza de que recibiremos mucho más de lo que pensamos o nos atrevemos a pedir.

3

La ley de la posición

Orar en el nombre que es sobre todo nombre, el nombre de Jesús el Señor, no sólo significa orar basado sobre el terreno de la expiación. Significa esto, pero significa más. Nosotros no somos simplemente reconciliados con el Padre por medio de la sangre de la Cruz del Redentor. Es la cruz en sí misma que nos coloca en una posición gloriosa delante del Padre. La enseñanza de la Palabra de Dios es que lo que le pasó al Salvador al identificarse con los hijos de los hombres —al ser hueso de sus huesos, carne de su carne, tentado en todo como ellos, en realidad el Hijo del hombre— lo que le aconteció a El como el gran representante del hombre, el segundo Adán, eso mismo le sucedió al hombre.

El Señor fue crucificado; luego el hombre fue crucificado, "el viejo hombre", juntamente con El, Romanos 6:6. El murió; luego todos murieron, 2 Corintios 5:14. El fue sepultado; nosotros somos también sepultados en la semejanza de su muerte, Romanos 6:5. El resucitó; con El nosotros hemos resucitado, Efesios 2:4, 5. El ascendió y está sentado a la diestra del Padre. Nosotros también estamos en esta misma posición ascendente, sentados en los lugares celestiales con Cristo, nuestro Señor, Efesios 2:6.

Cuando no se toman en cuenta las enseñanzas claras de las Escrituras sobre la posición exaltada en que se encuentra el creyente como coheredero con Cristo,

Romanos 8:17, como sucede con muchos libros que se escriben sobre la oración, entonces se corta el nervio central de esta santísima función, y roba a la oración una gran parte de su eficacia. Nosotros no trataríamos de llegar a la presencia de algún gran magistrado terrenal para conseguir una entrevista, sin antes tomar en cuenta el orden de procedimiento establecido. Y mucho menos debemos hacerlo con Dios. Si yo, como cristiano, asumo ante el Padre celestial la posición de un mendigo que se arrastra, cuando El quiere todo el tiempo que recuerde que he sido hecho un rey y un sacerdote en Cristo, que he participado de su muerte y resurrección y que estoy sentado con El en lugares celestiales, es indudable que yo me desencontraré con El y mi corazón se verá carente de su poder debido, en no poco grado.

Es cierto que debemos ser humildes, pero la humildad fingida, por sincera que parezca, no sirve para nada. Tiene que ser una humildad que forma parte de la trama y urdimbre de mi ser, natural y sin fingimientos, resultante de mi unión con el Salvador, de cuya muerte y resurrección yo participo, puesto que las cosas viejas pasaron y todas han sido hechas nuevas.

Todo esto tiene una consecuencia muy grande sobre la oración. La oración puede ser eficaz solamente en su aspecto bíblico más elevado. Es la oración del hombre justo la que puede mucho, porque surge de una "nueva creación". La vieja creación terminó en el Calvario. "El hombre viejo", por religioso que sea, no puede orar en el sentido verdadero de la palabra. No puede mantener comunión con Dios, y la razón es sencilla. "La mente carnal", que de acuerdo a Romanos 8:7 está en enemistad contra Dios, no puede acercarse a El en la forma debida.

Está bajo el veredicto de la cruz. "Judicialmente" está fuera del favor de Dios. El león puede estar domesticado, pero sigue siendo león, y cualquier cambio de circustancias puede exasperar a la bestia.

"La carne", aunque esté pulida por el celo religioso, seguirá siendo "carne", y no puede ser otra cosa, como aparece en el cuadro avasallador que se nos pinta en el capítulo 5 de la Epístola a los Gálatas, donde aparecen cosas obscenas y repugnantes que nos avergüenza citar, pero donde están otras cosas también que pasan por inocentes en la vida de la iglesia, tales como rivalidades, divisiones y luchas. Dios no puede mirar estas cosas.

El apóstol Pablo declara que el creyente ha crucificado todo eso. Si yo oro por un avivamiento en la iglesia, pongamos por caso, ¿ y cuál es la iglesia que no lo necesita?— siendo mi motivación secreta la rivalidad denominacional sectaria, no es preciso ahondar mucho para descubrir que yo estoy en contraposición con los propósitos de Dios, y que al orar le causo pesadumbre. Tengo que "morir" antes de poder orar debidamente. Tengo que penetrar en una participación siempre creciente de la cruz, si es que mi "vida egoísta", tan amante de alabanzas, no ha de anular el efecto de mis oraciones; si "la carne", con su codicia por aparecer en el centro de la publicidad religiosa, si "el hombre viejo", tan lleno de infatuación, no han de interferir en mi vida de oración. ¡Cuántos afanes del pueblo de Dios quedan anulados, cuando ora por la gran obra de la iglesia, debido a que no permite que funcionen y operen los aspectos más profundos de la cruz!

Un pastor soñó que oyó la voz de Dios que le pedía que formulara una lista de los motivaciones que dominaban su ministerio. El resultado lo llenó de vergüenza. A medida que el Espíritu de Dios escarbaba los deseos secretos de su ser, descubrió que un treinta por ciento de ellos estaban saturados de orgullo sectario; otro treinta por ciento de vanagloria por los triunfos oratorios alcanzados; veinte por ciento de intolerancia religiosa, posición social y vanidad familiar. Cuando la lista quedó completa, vio que un cinco por ciento escaso quedaba de amor a Dios y de celo genuino por su gloria y por su honor.

Para orar en realidad como oró el apóstol Pablo y los grandes hombres de Dios a través de las edades; como oró Juan Knox, "Señor, dame Escocia o, si no, me muero"; como oró Juan Hyde, esa alma que se consumió en oración por la India con gemidos, lágrimas e intercesiones, el Espíritu Santo tiene que aplicar la cruz de Cristo en las partes más interiores de la ciudadela del "yo", para que allí ejerza su poder "la nueva creación" de la resurrección de Cristo, que es el único que tiene derecho genuino y legítimo de las cosas de Dios.

Aquí es donde se diluye una buena parte de la oración que se hace por "un bautismo de poder". Dios no responde a la oración que pide poder, poder de lo alto, que emana de motivaciones equivocadas. En el libro de Levítico leemos que el óleo no se aplicaba sobre la carne, y el Padre celestial no puede dar poder a aquello que Cristo mató en la cruz. Conceder poder a "la antigua creación", lejos de promover los intereses del reino de Dios, solamente sería material que Satanás explotaría para los intereses del reino que él gobierna. El Espíritu Santo no puede confiar los tesoros de Pentecostés a los siervos de la iglesia, hasta que haya conseguido en ellos una experiencia vital de las implicaciones más profundas del Calvario, tal como aparecen en el capítulo 6 de la Epístola a los Romanos.

Además, cuando la vida de oración del cristiano surge de su posición debida, o sea del ajuste completo con Cristo en su muerte y resurrección, se produce un gran cambio en el procedimiento. La oración que es del tipo de mera súplica (aunque el pedir siempre está bien, porque el Señor dice, *"Pedid, y se os dará"*, da lugar a la apropiación positiva, gozosa e indescriptible.

Cuando yo me coloco por medio de la fe en la posición que se me asigna en Colosenses 3:3, por ejemplo, donde está escrito que *"vuestra vida está escondida con Cristo en Dios"*, que es la posición judicial de todos los creyentes, mi vida de oración cobra un carácter totalmente distinto.

Semejante posición me coloca en un lugar aparte. En realidad me sitúa donde está Cristo mismo, me constituye en coheredero de Dios con Cristo, y me inviste con una autoridad y gloria semejantes a la de Cristo. Aun antes de la consumación del Calvario y la resurrección y el Pentecostés, el Salvador tenía la costumbre de dejar entrever las glorias que sobrevendrían al creyente. Dijo en efecto, *"Porque de cierto os digo que cualquiera que dijere a este monte: quítate y échate en el mar, y no dudare en su corazón, sino creyere que será hecho lo que dice, lo que diga le será hecho"* (Marcos 11:23).

Muy a menudo suplicamos la remoción de alguna montaña opresiva y dificultosa, cuando en realidad lo que Dios espera de nosotros es que tengamos dominio de la fe, que hablemos directamente al príncipe de las tinieblas como quienes están sentados con Jesús en lugares celestiales y reclaman la destrucción de las obras satánicas. Cuando hacemos esto, la montaña desaparece. Es posible que tengamos que esperar algún tiempo para "ver" lo que ha sido alcanzado por la audacia de nuestra fe. Pero si no dudamos, veremos, al fin, lo que recibió la fe sin tener ninguna evidencia de los sentidos físicos.

En esta posición de unidad con Cristo el Señor, en su exaltación donde nosotros *"reinamos en vida, por medio de Jesucristo"* (Romanos 5:21), la alabanza toma el lugar de la petición. No que la petición cesa por completo. Siempre pedimos y recibimos. Pero ahora pesamos adecuadamente nuestras riquezas, y la medida de nuestras riquezas es la medida de las riquezas de nuestro Hermano real. Somos uno con El. El es nuestra vida. Su muerte es nuestra muerte. Su resurrección es nuestra resurrección. Su exaltación es nuestra exaltación. Donde está la Cabeza, también está el cuerpo; y del mismo modo que el cuerpo encuentra que la Cabeza es su corona y gozo, así la Cabeza encuentra que el cuerpo es su cumplimiento, (véase Efesios 1:22, 23).

En vista de estos hechos, el creyente necesita tener mucho tiempo para alabar, y mientras canta, se regocija y alaba, descubre para gran gozo suyo que Dios opera y que sus promesas se transforman en realidad en su experiencia personal. *"Deléitate asimismo en Jehová, y él te concederá las peticiones de tu corazón"* (Salmo 37:4). Durante toda la eternidad alabaremos a Dios por la herencia que nos dio en Cristo; de modo que no perdamos tiempo: comencemos a alabarle ahora. Apropiémonos por medio de la fe de todas las implicaciones de la cruz que el Espíritu Santo desea aplicar a nuestra vida, y entonces, desde la posición elevada de "una nueva creación," oraremos con una nueva libertad.

La ley de la fe

Al primer golpe de vista parecería ser completamente innecesario hablar de la fe, tratándose de la oración. ¿Oraría alguien si no creyera que Dios está dispuesto a escuchar y a contestar? Sin embargo, en la práctica encontramos que a menudo hay mucha oración con poca o ninguna fe de que esa oración haya de ser escuchada y contestada. La verdad de las cosas es que es más fácil orar que creer, y la razón estriba en el hecho de que la oración es la parte humana del asunto, mientras que la fe coloca todo el énfasis sobre el lado divino.

Todos nosotros por naturaleza, (no digo por gracia, porque la gracia es un asunto aparte) tenemos una gran opinión de nuestros propios esfuerzos, y nos mostramos ciegos a las cosas que Dios hace. Además, la fe aparece en la medida de nuestra obediencia y en la pureza de nuestra vida y sus motivaciones. En su primera epístola Juan presenta el asunto de este modo: *"Si nuestro corazón no nos reprende, confianza tenemos en Dios"* (3:21). Esto Implica, que si nuestro corazón nos reprocha, no podemos ejercer confianza verdadera.

Todo esto quiere decir que tenemos que volver a la primera ley de la oración: la de la expiación. En el momento que quitamos los ojos del Calvario, la fe real y verdadera se arroja por la borda. Solamente cuando podemos ver claramente que nuestras cuentas con Dios han sido satisfechas total y cabalmente (¿y cómo podremos hacerlo y saberlo aparte de la cruz, donde nuestros pecados fueron clavados y deshechos una vez y para siempre?) estamos en condición de acercarnos confiadamente al trono de la gracia para presentar los pedidos de nuestro corazón.

La fe llega de un modo completamente natural a la persona que camina en el sendero de la obediencia al Señor y goza de su benévola presencia. En el capítulo 12 de Primera Corintios tenemos el bien clásico pasaje en cuanto a la operación del Espíritu Santo y los dones que imparte a los creyentes, y allí se nos dice que El es quien inspira la fe, lo cual no quiere decir que no sea necesaria la cooperación humana, por cuanto es al ser humano a quien se le dice que debe ejercer fe, y la fe comienza con él.

En el corazón de la persona llena del Espíritu Santo la fe es tan natural y tan inconsciente como la respiración. Y es así, porque ha recibido el Espíritu de adopción mediante el cual dice, Abba, Padre, Romanos 8:15. Si apagamos al Espíritu, entonces la oración también se apaga. En realidad la fe tiene sus leyes. No creemos por la fuerza de la voluntad, aunque hay tal cosa como la voluntad de creer, como solía decir William James, el filósofo más destacado de los Estados Unidos de Norte América y el padre del pragmatismo.

El apóstol Pablo dice que la fe viene por el oír, y el oír por la Palabra de Dios. Si yo puedo encontrar las palabras adecuadas —la promesa contenida en la Sagrada Escritura que corresponde a la necesidad, así como la llave cuadra con la cerradura para la que ha sido hecha—

entonces la fe tiene un base segura en la hora de la necesidad, y se consiguen grandes resultados. Muy pronto yo estaré cantando el canto de triunfo, así como también lo cantaron Moisés, Josué, David, Pablo y la galaxia de santos del Antiguo y Nuevo Testamentos cuando vieron las proezas del brazo de Dios en respuesta a sus oraciones.

Nosotros tenemos que creer que Dios es galardonador de quienes lo buscan diligentemente. La oración sin fe es una farsa. Escuchemos la voz de Jesús cuando dice, *"Por tanto, os digo que todo lo que pidiereis orando, creed que lo recibiréis, y os vendrá"* (Marcos 11:24). Santiago dice que debemos pedir en fe, sin titubear. La persona que es llevada de aquí para allá, como la ola del mar, *"no piense, pues, quien tal haga, que recibirá cosa alguna del Señor"* (Santiago 1:7).

El Salvador declaró que para quien cree todas las cosas son posibles. Nosotros estamos acostumbrados a pensar en la potencia de la fe en términos hiperbólicos, o en formas exageradas. Pero nuestro Señor no hizo uso de licencias poéticas, ni sus palabras, que son la verdad, son las de un extremista. *"Tened fe en Dios. Porque de cierto os digo que cualquiera que dijere a este monte: Quítate, y échate en la mar, y no dudare en su corazón, sino creyere que será hecho lo que dice, lo que diga le será hecho"* (Marcos 11: 22, 23). Pero el Salvador no habla solamente de tener fe en Dios. El griego deja entrever el pensamiento de la fe de Dios.

Parecería que Pablo tuviese esta idea en mente cuando irrumpe en su exclamación apasionada que constituye la quintaesencia del Evangelio: *"Con Cristo estoy juntamente crucificado, y ya no vivo yo, mas vive Cristo en mí;*

y lo que ahora vivo en la carne, lo vivo en la fe del Hijo de Dios, el cual me amó y se entregó a sí mismo por mí" (Gálatas 2: 20). Es la fe del Hijo de Dios. El no podría vivir en nuestro corazón por medio de su Espíritu sin ser, también, nuestra humildad, nuestro amor, nuestra paciencia, nuestra justicia, nuestra vida misma, y eso quiere decir nuestra fe.

Cuando lo que surge en el corazón del creyente en la hora de la oración es la fe del Hijo de Dios, entonces quedan removidas las montañas de dificultades y se producen milagros tales como los que el Señor Jesús realizó. Porque El dijo a sus discípulos que ellos harían obras mayores que las que El había efectuado. Esto no debe sobresaltarnos. Mayores obras son realizadas, pero es el mismo Señor que opera a través de sus discípulos. Es *"la fe del Hijo de Dios"*. Son mayores obras porque el Calvario es ahora la base de nuestra oración. El Calvario, la tumba vacía y Pentecostés posibilitan al creyente lo que no era posible durante los días en que Jesús, nuestro Señor, caminaba por las playas de Galilea.

Cuando buscamos el rostro del Padre celestial en oración, no debemos dudar en nuestro corazón; ni tampoco es posible dudar cuando, en unión con Cristo, nos apoderamos de la promesa. *"La fe del Hijo de Dios"* es nuestra, no como algo surgido de nuestra fuerza y capacidad natural, sino como el gozo inefable, la certidumbre que emana dentro de nuestro ser cuando estamos unidos con nuestro Señor en el poder de su resurrección, Filipenses 3:10.

No hace mucho tiempo apareció en The Christian Digest (Selecciones Cristianas), el relato de cómo George Müller se aferró al Señor en un momento de crisis. La historia la cuenta el capitán de un barco trasatlántico, quien declaró que nunca más pudo ser el mismo hombre después de haber tenido a bordo a Müller. Una neblina muy densa había aparecido en el océano y el gran trasatlántico tuvo que detener la marcha. Después de un rato George Müller apareció en la puerta de la cabina del capitán. Llamó y solicitó una entrevista que le fue concedida en seguida. "Capitán", le dijo, "yo tengo que estar en Toronto el domingo próximo". El capitán, algo molesto, dio a entender al intruso que el barco no se podía mover hasta que la neblina se hubiese despejado. "Comprendo", le contestó Müller, "pero en cuarenta años que sirvo a mi Señor, nunca he dejado de cumplir un compromiso. Yo tengo que estar en Toronto el domingo próximo". George Müller le preguntó al capitán si estaría dispuesto a orar con él. El capitán, algo sorprendido, le dijo que sí. Se arrodillaron los dos y en pocas palabras Müller le pidió al Señor que despejara la neblina de modo que el barco pudiera proseguir y él predicar en Toronto el domingo próximo. El capitán estaba por orar, cuando Müller lo detuvo, y colocando su mano en el hombro, le dijo, "No ore. Usted no cree". Mientras los dos se dirigían a la cubierta, la neblina había comenzado a despejarse. El sol comenzó a brillar. Pocos momentos después el barco reanudaba la marcha y George Müller cumplió con su compromiso en Toronto.

¿Pueden los cristianos orar de esa manera? Sí, si llenan las condiciones, una de las cuales es que crean. El creer es tan fácil y tan natural como el respirar, cuando conocemos a Dios y El nos posee, y su voluntad se hace en nuestra vida. La criatura que conoce a su padre amantísimo no tiene necesidad de "tratar" de creer. Descansa en el amor de su padre con una certidumbre tal que ninguna circunstancia la puede perturbar. Dudar de Dios es hacerle mentiroso, como nos dice Juan en su primera epístola. ¿Y qué cosa puede ser más odiosa?

Yo lo encuentro de ayuda interpretar la confianza en términos de expectativa. Alguien ha dicho que muchas veces la respuesta a la oración se ve molestada por el hecho de que, cuando suena la hora de Dios y El envía su bendición desde el trono de la gracia, el peticionante no se halla en condiciones de recibirla, en vista del hecho de que la puerta de la expectativa no está abierta. Si se nos permite mencionar de nuevo a George Müller, diremos que en cierta ocasión algunos amigos se burlaban de él porque decía que todas sus oraciones recibían contestación. Müller les respondió que hacía cuarenta años que estaba orando por la conversión de dos amigos suyos que todavía no se habían entregado a Cristo, y les dijo que sabía que esas dos personas llegarían a conocer al Salvador; por esa razón, decía que todas sus oraciones eran contestadas. Y así fue. Antes de que hubiera pasado otro año, esos dos hombres se habían convertido.

La puerta de la expectativa tiene que estar siempre ampliamente abierta. No basta orar por un avivamiento. Debemos estar a la expectativa de que sucederá. Sin esta expectativa no existe fe verdadera. Dios necesita tiempo para desarrollar grandes cosas relacionadas con la salvación de almas como contestación de las oraciones de sus hijos. La viuda que clamaba, *"Hazme justicia, librándome de mi adversario"*, ante un juez injusto, perseveró en su petición. No desmayó en su empeño. No dio descanso al juez. Triunfó porque esperaba vencer.

Al Padre celestial le agrada ver en nosotros semejante

determinación. Nuestra expectativa continuada le conmueve. Nuestra fe lo glorifica. Aunque tarde en responder, no debemos desanimarnos. Lo que sí, debemos estar seguros de que lo que pedimos está en consonancia con su voluntad y propósito. Luego, seamos osados al presentarnos al trono de la gracia. La respuesta puede venir en seguida. Puede estar en camino antes de que hayamos pedido nada, como dice el profeta Isaías, o puede ser que tengamos que esperar varios años. En ningún caso debemos vacilar. La fidelidad de Dios es muy grande. Podemos confiar en El de un modo pleno y cabal. Sus promesas son seguras. Todas las promesas de Dios son sí y amén en el Señor Jesucristo, 2 Corintios 1:20.

5

La ley de las relaciones cordiales

Hemos llegado a una de las piedras fundamentales más profundas de la estructuración de la oración. Puede quedar planteada de esta manera: Para prevalecer en la oración y ser poderoso con Dios en el cumplimiento de sus promesas, tenemos que mantener buenas relaciones con nuestro prójimo. No hay nada que afecte tanto la vida de oración del cristiano como sus relaciones con sus semejantes. Aquí es donde zozobra la oración. Aquí es donde aparece el gran corto circuito que toca tierra y paraliza las oraciones de la Iglesia.

Jesús, el Señor, arroja luz en la conciencia de sus seguidores por medio de una de esas frases incisivas tan propias de El, y les dice: *"Cuando estuviereis orando, perdonad"*. Acababa de decirles, *"Todo lo que orando pidiereis, creed que lo recibiréis, y os vendrá"*. Pero continúa diciéndoles que no es tan fácil como parece, porque hay que examinar las relaciones que mantenemos con nuestros semejantes. ¿Has reñido con alguien? Busca a tu hermano y reconcilíate con él. ¿Alguien te ha agraviado? Entonces tú tienes que perdonar. En seguida sigue el juicio terrible que debe hacernos temblar a todos: *"Porque si vosotros no perdonáis, tampoco vuestro Padre que está en los cielos os perdonará vuestras ofensas"* (Marcos 11:26).

Llama la atención que este aspecto de la oración por

lo general es pasado por alto en los libros que tratan este asunto. Posiblemente lo hacen porque es doloroso. Nosotros no nos atrevemos a cerrar los ojos a este aspecto de nuestro tema, si deseamos realmente aprender a orar y a encontrar alivio para el sufrimiento de la humanidad desesperada, y contarle acerca de las riquezas inmarcesibles que Dios, en su gran misericordia, está tan ansioso de derramar sobre ella.

El mundo tiene suma necesidad de grandes intercesores, para que el poder y la misericordia del Dios todopoderoso llegue a las almas entenebrecidas, así como cuando las aguas de un gran río invaden las tierras secas y áridas del desierto. Pero los grandes intercesores como Santiago y Moisés e Isaías y Pablo y George Müller y Juan Hyde de la India, tuvieron que pagar un gran precio por serlo. Nada cuesta tanto como la oración. Entre otras cosas, demanda buenas relaciones con todos los prójimos.

El perdón que cuesta es como el que se alcanzó en el Calvario. Si yo quiero acercarme a Quien llevó todos mis pecados en su cuerpo cuando fue clavado en la cruz para que yo pudiera ser perdonado, tengo que perdonar a mi hermano. Todos los pequeños resentimientos humanos, y la mala disposición para perdonar, se licúan en incongruencias infinitas frente al perdón de Dios ofrecido de un modo tan gratuito y generoso a pesar de lo grandes que sean los crímenes y ofensas de los hombres contra su amor y contra su ley; perdón que ofrece por medio del Crucificado que fue hecho pecado, sí, más aún, maldición, para que los seres humanos puedan verse libres de la maldición del pecado.

Nada como la falta de perdón desvía al hombre de

Dios y se interpone con los propósitos divinos. Tenemos que perdonar, aunque nos duela como si nos sacaran todas las muelas, porque si no lo hacemos, tenemos que abandonar la esperanza de ser intercesores efectivos.

En un pasaje de la Primera Epístola de Pedro, y al cual no siempre se le da la debida importancia, se contempla este asunto, aunque en una forma un tanto distinta, el alcance es sencillamente inconmensurable. Pedro dice que nuestras oraciones se verán estorbadas si no honramos *"como a vaso más frágil"* a quienes son *"como a coherederas de la gracia de la vida"* (3:7), es decir, a nuestras esposas. O sea dicho en otras palabras: el modo cómo tratamos a nuestra esposa repercute de un modo tremendo en nuestra vida de oración. Si falta la consideración cristiana que debe caracterizar el comportamiento de un esposo cristiano, eso seccionará al nervio central de la vida de oración.

Yo vivo, como misionero, en un país donde sufren las esposas. Solamente en los países cristianos reciben ellas la consideración y conservan el lugar que les corresponde en la economía divina. Me encontraba hablando a un grupo de pastores reunidos en un retiro bíblico, y les pregunté si se habían dado cuenta hasta qué punto sus oraciones podrían perder su eficacia si no se mostraban considerados con sus esposas en la forma en que deben serlo. Se mostraron sorprendidos al saber que la eficacia de sus oraciones podría verse perjudicada por un asunto tan trivial, según ellos.

Esa noche se reunieron las esposas de los pastores para tomar un pequeño "desquite" contra sus maridos, entonaron un canto en honor mío, y me agradecieron el servicio que les había prestado. ¡Había que ver la cara de aquellos pastores! Pero observemos el asunto en su relación más significativa sobre la oración. Yo estoy orando, digamos, por un avivamiento en la Iglesia. Lo más grande que puede acaecer en este pobre mundo, lleno de penas y enfermedades, pecado y muerte, es un avivamiento real y genuino. Porque un avivamiento genuino significa la invasión de la vida del cielo, del mismo modo que las olas del océano barren y bañan los pozos pestilentes que infestan las riberas.

Pentecostés fue la vida del cielo que se derramó sobre la tierra para sanarla de las heridas putrefactas producidas por el pecado. Pero supongamos que yo oro de un modo sectario, que estoy animado por algún celo denominacional, que quiero un avivamiento, pero a mi modo y para mi iglesia, que oro en firme y continuado. Pero el avivamiento no se produce.

El agua del río de la vida, transparente como el cristal, que procede del trono de Dios y del Cordero, no llega a mi iglesia. Permanece muerta como siempre. ¿Por qué no se escucha mi grito de agonía? Porque oro movido por un mal espíritu y desde un punto de vista equivocado. Primero tengo que purgarme de mis motivos egoístas. Primero tengo que ir al Calvario y morir, antes que pueda efectuarse una resurrección y un Pentecostés. Los derramamientos del Espíritu Santo en los días del apóstol Pablo no se produjeron simplemente como el resultado de oraciones sinceras y fervientes, sino por las oraciones de uno que pudo decir, *"Con Cristo estoy juntamente crucificado, y vivo, no ya yo, mas vive Cristo en mí..."*

Los trabajos misioneros me han llevado a muchos países, me han hecho conocer la distinta clase de gente que constituye actualmente la gran familia de Dios, y he podido constatar que existe la convicción general de que la necesidad más grande es recibir un bautismo de vida celestial, un avivamiento, el factor que inflamó los corazones y revolucionó las vidas en el día de Pentecostés. De vez en cuando encontramos esa vida que caracterizó a la Iglesia después de Pentecostés, aunque no falta tampoco un fuego falso y espurio. ¡Cuántos deseos existen de que irrumpa un genuino avivamiento! ¡ Y cuántas oraciones sinceras se elevan a Dios para que Dios abra las ventanas de los cielos y descienda, y que los montes se derritan ante su presencia, como dice Isaías, pero el avivamiento no se produce! Y cuando uno examina las causas, tiene que llegar a la conclusión de que se encuentran en nosotros mismos.

Son nuestras divisiones, nuestra mala voluntad hacia grupos que tienen prácticas eclesiásticas diferentes a las nuestras; nuestro orgullo denominacional; nuestra indisposición para reconocer la unidad del cuerpo de Cristo con Cristo a la cabeza; nuestro celo por nuestro grupo particular con su énfasis y tradición características; nuestro fanatismo estrecho; nuestros trabajos febriles que, aunque decimos que tienen a Cristo como finalidad, lo cierto es que en su raíz aparece nuestra carne que, no ha sido crucificada.

Si aplicáramos el capítulo 6 de la Epístola a los Romanos, se encargaría de quitar todas las dificultades, así como el fuego de la pradera barre con todas las malezas del camino. *"Sabiendo esto, que nuestro viejo hombre juntamente fue crucificado con Cristo"*, dice la Escritura. El cristiano que no penetra en la experiencia de Romanos 6 crea para sí mismo la dificultad más grande del camino hacia la eficacia en la oración que puede encontrar en toda la maraña de obstáculos que se le presentan.

Yo puedo orar por un avivamiento siempre y cuando me halle situado en el terreno de lo universal. Por medio de la fe tengo que mantener mi unidad con el cuerpo de Cristo. Tengo que decir amén a las oraciones de todos los santos. Tengo que abrazar espiritualmente a todos los hijos de Dios, sin distinción de color. Tengo que regocijarme por el crecimiento de alguna otra denominación que se diferencia un tanto de la mía, con tal que las almas lleguen al conocimiento y a la posesión de la fe verdadera en Cristo. Tengo que estar dispuesto a morir, sabiendo que quienes vivimos llevamos siempre por todas partes la muerte de Jesús en el cuerpo, para que también la vida de Jesús sea manifestada en nuestra carne mortal, 2 Corintios 4:10. El orgullo y el desdén hacia un hermano en la fe cuyo color se diferencia del nuestro, cierra las puertas del cielo a mis oraciones, de un modo tan cierto y efectivo como cualquier pecado de naturaleza repugnante.

Casi podríamos desear que el Salvador nunca hubiera dicho, *"Por tanto, si trajeres tu presente al altar, y allí te acordares de que tu hermano tiene algo contra ti ... vete, vuelve primero en amistad con tu hermano"*. Pero el Salvador dijo estas palabras, y ellas solas derriban como la mitad de la eficacia y valor de las oraciones de los cristianos. Si la Iglesia actuara realmente sobre este principio, sus oraciones revolucionarían la vida de las naciones.

Juan Hyde, el gran hombre de oración de la India, cuyo ministerio de intercesión trajo un nuevo día, un día de gloria y poder para la iglesia de la India, cuenta cómo en cierta ocasión se encontraba entregado a la oración por ciertos pastores indios. Dice que comenzó diciendo, "Señor, Tú sabes como el pastor fulano de tal es frío y duro", cuando sintió que la mano de Dios sellaba sus labios. Se sintió reprendido. Comenzó de nuevo, pero esta vez era para agradecer a Dios por alguna virtud que no tardó en encontrar en ese hermano, y así continuó con cada uno de los que tenía anotados en la lista. Más tarde descubrió que el Señor derramó una gran bendición sobre cada uno de esos pastores. Sí, el Señor conoce nuestros pensamientos secretos, como dice el Salmo 139:4, *"Pues aun no está la palabra en mi lengua, y he aquí, oh Jehová, tú la sabes toda"*. En realidad, el poder de la oración está condicionado por la ley de las relaciones cordiales. El Padrenuestro no contiene ningún "yo" ni ningún "mío". Está basado sobre terreno universal. Cuando oramos el Padrenuestro, abrazamos a todos los hombres de todas partes, de todos los colores, climas y condiciones. *"Perdónanos nuestras deudas, así como nosotros perdonamos"*. ¡Que esto sea así con todos los que llevan el nombre de Cristo!

6

La ley de la voluntad de Dios

Aunque parezca extraño, en los círculos eclesiásticos actuales, donde la fe, el poder y los grandes propósitos constituyen el santo y seña de la hora actual, existe una marcada tendencia a colocar vallas a la ley de la voluntad de Dios. Se nos dice que donde existe fe suficiente, los enfermos tienen que ser sanados. Y lo cierto es que se equipara la fe con la curación. Si la curación no tiene lugar, es porque la fe no ha sido suficientemente fuerte y poderosa.

Y esta idea se hace tan plausible por el hecho de que puede encontrar base bíblica para sostenerse, porque Santiago 5:15 dice, *"La oración de fe salvará al enfermo"*. Nada podría ser más cierto. Yo tengo un amigo y hermano en Cristo que ha sido curado de lepra. Los cristianos de Venezuela saben que es un hecho. Las marcas de la terrible enfermedad son visibles todavía y tan palpables como el hecho de que este apreciado hermano está libre de la lepra, tan libre como aquellos leprosos a quienes Jesús tocó mientras vivió entre los hombres.

Todo el mundo sabe que el Señor Jesús realizó el milagro. Estas cosas suceden. El Señor Jesucristo es el mismo ayer, hoy y por los siglos. En su gran amor y misericordia responde todavía a la oración de fe y realiza cosas maravillosas como en tiempos antiguos, dando *"gloria en lugar de ceniza, y manto de alegría en lugar del espíritu angustiado",* como dice el profeta Isaías 61:3.

Pero, pretender partir de este hecho, al cual multitudes de cristianos dan testimonio en todo el mundo, para decir que Cristo, el Señor, tiene que curar allí donde hay fe suficiente, significa violar uno de los principios más fundamentales de la interpretación bíblica. Construir todo un sistema de doctrina sobre un texto aislado, es ser víctima del más grande de los errores.

La verdad que está fuera de relación con otras verdades que la condicionan, se convierte en error. La verdad a la que se le da una importancia que frente a otras verdades no merece, conduce al fanatismo. Para argumentar de Santiago 5:15 que el Señor tiene que curar siempre como respuesta a la oración de fe, hay que pasar por alto una gran cantidad de otros pasajes bíblicos que, tomados en conjunto, proporcionan una enseñanza equilibrada acerca de la oración.

La fe se torna en elemento peligroso cuando toma una posición superior a la soberana voluntad de Dios. Cuando la fe pone a un lado los propósitos del todopoderoso Dios, resulta ser tan renegada como el criminal sin ley y sin gobierno. Eso ya no es fe, es orgullo disfrazado. La fe que se erige en dictador ante quien Dios tiene que inclinarse, tiene más de los demonios, que también creen y tiemblan, que del cristiano que dice, "Sea hecha tu voluntad y no la mía".

Tenemos el propio ejemplo del Salvador, quien dijo que *"No puede el Hijo hacer nada por sí mismo, sino lo que ve hacer al Padre; porque todo lo que el Padre hace, también lo hace el Hijo igualmente"* (Juan 5:19). Y en la crisis suprema de su vida dijo: *"No se haga mi voluntad, sino la tuya"*. Cristo fue obediente hasta la muerte, y muerte de cruz.

El caso del apóstol Pablo arroja gran luz sobre este zarandeado asunto. Pablo era un hombre enfermo, y si hubo alguna vez un creyente que merecía ser sanado, era él. Dice que oró tres veces para ser sanado, y podemos imaginar con qué fervor lo habrá hecho. Pero la respuesta fue, "No", aunque velada en términos bondadosos, como es lógico esperar. *"Bástate mi gracia"*. Eso fue lo que se le dijo. Esas palabras produjeron una transformación poderosa en Pablo. Dijo que, como resultado, se gloriaría en su debilidad para que la potencia de Cristo se manifestara en él.

Parecería que, de acuerdo al plan sublime de la economía de Dios, este hombre, un vaso escogido para llevar el nombre de su Salvador ante reyes, tuvo que ser mantenido abatido e impotente, debido a una rara enfermedad que él mismo llamó un mensajero de Satanás para que lo abofeteara, para que por medio de él pudieran cumplirse los grandes propósitos designados por el cielo. Tales propósitos pudieron ser consumados porque él dependió, momento tras momento, de Jesucristo, su Señor.

Cualquier autosuficiencia proporcionada por su fuerza física y abundante vitalidad, era casi seguro que hubiera resultado fatal. El tuvo en sí mismo la respuesta de muerte, 2 Corintios 1:8-10. El tenía que ser uno que pudiera decir, *"Con Cristo estoy juntamente crucificado, y vivo, no ya yo, mas vive Cristo en mí; y lo que ahora vivo en la carne, lo vivo en la fe del Hijo de Dios, el cual me amó, y se entregó a sí mismo por mí"*.

En 1 Juan 5:14,15 tenemos una sólida base bíblica para esta posición: *"Y esta es la confianza que tenemos en él, que si pedimos alguna cosa conforme a su voluntad, él nos oye. Y si sabemos que él nos oye en cualquiera cosa que pidamos, sabemos que tenemos las peticiones que le hayamos hecho"*. El Señor Jesús nos oye cuando pedimos de acuerdo con su voluntad. Una vez que hemos captado su oído y lo que pedimos está de acuerdo con sus propósitos, entonces sabemos que tenemos las peticiones que hemos deseado de El. Entonces se apodera de nosotros la seguridad absoluta de que nos será dado, aun antes de tener la respuesta.

Pero cuando no tomamos en cuenta la soberana voluntad de Dios, puede acontecernos algo parecido a lo que le sucedió al Dr. Goodell. Yo le oí narrar el hecho, hace muchos años, a un grupo de predicadores que se había reunido para honrar a este distinguido pastor. Dijo que en cierta ocasión había recibido un telegrama de un obispo anglicano, solicitándole que orara por un hijo suyo que se encontraba enfermo de muerte. Goodell dijo que se entregó sinceramente a la oración por la salud del hijo de ese colega en el ministerio. Varios días más tarde recibió otro telegrama, rogándole más oraciones en favor del hijo que estaba tan enfermo. El pedido fue accedido de nuevo con gran fervor y resolución.

El Dr. Goodell agregó que varios años más tarde se encontró con el obispo amigo, que a la sazón se encontraba en la ciudad. "¿Recuerda", le inquirió el obispo, "los telegramas que le envié solicitándole sus oraciones por mi hijo enfermo?" a lo cual él contestó afirmativamente. "Bueno", le dijo el obispo, "temo que hice mal en insistir. Hubiera sido mucho mejor que el Señor se hubiera llevado a mi hijo en aquel entonces. Ahora es hombre, pero tengo el dolor de verlo en el camino del pecado y la maldad." El Dr. Goodell terminó diciendo al grupo de pastores: "Mientras oramos, es mejor dejar el asunto en las manos de Dios. El sabe qué es mejor".

En nuestras oraciones hay terreno que es firme y sólido, y terreno que es incierto. Quiero decir que hay cosas sobre las cuales no necesitamos decir, "Señor, sea hecha tu voluntad", porque sabemos cuál es la voluntad de Dios. Sabemos que la voluntad de Dios es que todos los hombres se arrepientan, y lleguen al conocimiento salvador de Cristo. Cuando oramos por la salvación de nuestros seres amados, podemos y debemos persistir hasta que obtengamos la respuesta. Podemos decir como Jacob, *"No te dejaré hasta que Tú me des mi petición"*. La Sagrada Escritura declara que para Dios no hay nada imposible, y que no es su voluntad que nadie se pierda.

Por otra parte, existe terreno donde no sabemos cuál sea la voluntad de Dios. En el asunto de la sanidad y la curación, por ejemplo, debemos andar con pies de plomo. Debemos y podemos orar por los enfermos. Sabemos por las Escrituras que Dios quiere que sus hijos respiren salud física, y todo lo demás. Sabemos, también, que el modo de vivir cristiano significa salud. Pero sabemos, además, que aún no tenemos nuestro cuerpo de resurrección, y que ésta, nuestra casa mortal, está destinada a la muerte y al sepelio, y el Señor a menudo, en vez de curar el cuerpo, llama a los suyos al hogar celestial. O por razones muy elevadas y santas, de naturaleza espiritual, permite la prolongación de una enfermedad, como en el caso de Pablo.

La historia de Eddie Rickenbacker navegando con

sus compañeros en una balsa de goma unos veintidós días en el Océano Pacífico, a la merced del sol, del frío, del viento y de las olas, ilustra de un modo hermoso el asunto de la oración de acuerdo a la voluntad de Dios. Se recordará que uno de los hombres tenía un Nuevo Testamento que el grupo pidió que leyera cuando vio el consuelo que derivaba de su lectura. La Palabra de Dios despertó fe y los hombres comenzaron a clamar al Señor en medio de su desesperada necesidad. La respuesta no se hizo esperar: la lluvia para saciar la sed que los consumía; un pájaro venido del cielo que alimentó sus cuerpos famélicos. Todo cuanto pidieron les fue dado. Todo, menos una cosa: que pudieran ser avistados para ser rescatados. Esto les fue negado. No podían entenderlo. ¿Por qué era que el Padre celestial les daba todo lo que pedían, menos esto, que era el deseo principal de su corazón?

Finalmente uno de los hombres sugirió que sería posible que no fuese la voluntad de Dios que fuesen avistados. Estaban en una buena escuela: la de la oración. Nunca antes habían tomado en cuenta la Palabra de Dios o invocado el nombre de Jesús en oración. Era indudable que el Señor deseaba que alcanzaran un mayor aprendizaje en esa escuela maravillosa. Era indudable que cuando se hubieran cumplido los propósitos de Dios, y ellos hubiesen alcanzado un entrenamiento mayor en la escuela de la oración, Dios vería que fuesen avistados. Y así pasó. A los veintidós días un avión que pasó sobre ellos los vio, y fueron rescatados. *"Si pedimos alguna cosa conforme a su voluntad, él nos oye"*.

La ley de la inspiración del Espíritu

En cierto sentido estamos perdiendo el tiempo al escribir un libro sobre la oración, y quienes lo leen también pierden el suyo. El mismo Señor, al hablar en forma autorizada, categórica y terminante por medio de su Palabra, nos da a entender que la oración real y verdadera está fuera de nuestra comprensión. *"Qué hemos de pedir como conviene, no lo sabemos"* (Romanos 8:26). Este arte es tan sagrado y tan elevado y tan santo que el ser humano jamás podrá penetrar en su práctica, a no ser que sea enseñado por el Espíritu Santo. Se nos dice que el Espíritu ayuda a nuestras flaquezas. El Espíritu intercede con gemidos que no pueden ser expresados. El intercede por los santos según la voluntad de Dios, Romanos 8:27.

Por eso no necesitamos desesperar, tenemos un Maestro sabio, que simpatiza y entiende. Ese Maestro es el Espíritu Santo, cuyo templo es el Corazón del creyente. El tiene muchas funciones, entre las cuales se halla la misión de enseñar a orar al cristiano. El ayuda a nuestras flaquezas. Nosotros no sabemos cómo orar o para qué orar. El nos muestra el propósito. El inspira la oración.

Nosotros tenemos que esperar en el Señor, reconocer nuestra enfermedad, nuestra incapacidad, y cuando nosotros esperamos en El, en sencillez de fe, entonces el Espíritu Santo se encarga de nosotros. Es entonces que nuestra oración se transforma en un asunto cósmico, un gemido del Espíritu que no puede ser expresado. Es entonces que somos poseídos por una fe que nada puede sacudir. Es entonces que desaparecen las montañas y nos reímos de las imposibilidades.

David Brainerd, el misionero que trabajó entre los pieles rojas de América del Norte, y cuyo ministerio de oración intercesora algunos historiadores sostienen fue la fuente de donde surgió la era misionera moderna, descubrió, según dice en su diario, que cada vez que el Señor se proponía derramar alguna bendición especial sobre los indios, El primero lo llamaba aparte a Brainerd para luchar en oración con él. Tenía que pasar por la agonía de la oración. El Señor lo agravó; el Espíritu lo atrajo con gemidos indecibles. Participaba de los sufrimientos de Cristo, para llenar la aflicción que faltaba en ellos, al decir de Pablo, y entonces la bendición llegaba como una gran oleada.

¡Oh, es terrible orar de esta manera! Solamente Dios puede preparar al creyente para este ministerio. La Iglesia acompaña semejante oración con temor y temblor, y es conveniente que así sea, porque su potencia emana de esas luchas ocultas de los ojos de los hombres, forjadas por el Espíritu de Dios sobre el yunque de las agonías del alma, si es que la Iglesia tiene poder todavía, ante Dios, para redimir a las almas. Sí, alguien tiene que trabajar y afanarse, mediante la inspiración del Espíritu Santo, si es que la Iglesia ha de marchar hacia adelante.

Hay ocasiones cuando la oración del cristiano es algo tan desesperado, tan tremendo, tan terrible, que uno tiembla ante su mismo relato. No es la obra del hombre; es de Dios. Es como los dolores de parto de una nueva era. Es un eco de la pasión del Salvador. Solamente el Espíritu Santo puede llevar las debilidades del ser humano a semejantes alturas. Tal fue la oración de Moisés cuando, debido al gran pecado de Israel al adorar al becerro de oro, pasó otros cuarenta días y cuarenta noches en el Monte Sinaí, solo con Dios, cuya ira se había encendido de tal manera que nada podía satisfacerlo sino la destrucción del pueblo escogido. Qué pasó entre Moisés y el Señor, no sabemos. Pero en Éxodo 32:31,32 tenemos relatado el punto culminante de la oración: *"Este pueblo ha cometido un gran pecado . . . que perdones ahora su pecado, y si no, ráeme ahora de tu libro que has escrito"*. ¡Qué tremendo, qué terrible, qué sublime!

No está en el hombre orar con semejante osadía. Estaba en juego el destino de toda una nación, y Moisés jugó todo cuanto tenía: su destino eterno. Nada le importó sino su pueblo. Ellos tenían que ser perdonados. Era un eco de la cruz. Era el Espíritu de Aquel que fue hecho maldición para que el ser humano pudiera ser redimido. Solamente el Espíritu de Dios puede equipar al débil hombre con tal pasión y con tal posición. No hemos de extrañarnos que Moisés triunfara. Dios no pudo menos que honrar tal fe y coronarla con los laureles de la victoria.

El ejemplo sobresaliente de este tipo de oración en nuestros tiempos es el de Juan Hyde, llamado el hombre de oración de la India, que ya ha sido llamado a su descanso eterno. Toda persona que quiera aprender a orar y ser poderosa en la intercesión delante de Dios en favor de los hombres, debe llegar a conocer a Juan Hyde. Era el hijo de un pastor presbiteriano que fue a la India para servir a su Señor. Cuando se embarcaba en Nueva York, encontró una carta que le había sido dirigida por un anciano de la iglesia donde su padre era pastor, en la que le planteaba un problema candente. "Juan, tú vas a la India para predicar el Evangelio. ¿Has recibido la plenitud del Espíritu Santo, o confías en tus éxitos teológicos, tu sabiduría y tus talentos?" Juan se indignó. Tiró la carta y subió a la cubierta del barco, al tiempo que enfilaba la proa hacia el mar.

Pero el viaje era largo, y Juan tuvo tiempo para reflexionar. El anciano le dijo que oraría por él, y las oraciones de ese buen hombre fueron escuchadas. Juan comprendió su error y se volvió al Señor. Las semanas de la travesía fueron invertidas en muchas horas de oración y en el estudio de la Palabra de Dios. Juan buscó al Señor para que lo llenara con su Espíritu y antes de llegar a Bombay, un nuevo día había amanecido para el misionero novicio.

Juan tomó entonces una decisión asombrosa, su obra en la India sería la intercesión. Por supuesto, había los que no comprendieron. Juan fue criticado; pero se mantuvo en su propósito. Se sintió aplastado por la enorme carga, de la iglesia de la India. El Espíritu Santo se le manifestó y luchó con Dios por una limpieza de la iglesia y por un derramamiento del Espíritu para que los obreros de la viña del Señor fueran dotados de poder de lo alto.

Fue tal la agonía y el peso de su carga mientras gemía en el Espíritu, que antes que se celebrara la gran convención de Sialkot, Hyde pasó treinta días y sus noches en oración. Estaba dotado supernaturalmente para su santo ministerio: el de la oración. ¡Pero qué días fueron aquellos para la iglesia de la India! Los misioneros que contemplaron aquellas escenas todavía hablan en voz baja cuando se refieren a Hyde. Cuando el Señor abrió las ventanas de los cielos en respuesta a los gemidos de su siervo, centenares de pastores fueron transformados, y muchos milagros se produjeron en la vida de sus seguidores. Hyde murió con un corazón quebrantado, pero los frutos de sus trabajos fueron días celestiales sobre la tierra para los cristianos de la India.

El avivamiento de Charles G. Finney, que sacudió a los estados del este de Norte América en la primera mitad del siglo diecinueve, fue el fruto de la misma intercesión en el Espíritu Santo. Un hombre a quien llamaban Padre Nash, visitaba de antemano las ciudades que Finney pensaba evangelizar. Unas tres o cuatro semanas antes que llegara Finney, Nash aparecía silenciosamente para preparar el camino. Con gemidos que no pueden expresarse, oraba en el Espíritu para que se manifestara la gloria y el poder de Dios, y cuando Finney aparecía para predicar el Evangelio, un ambiente de santa expectativa llenaba la ciudad. Allí estaba la presencia del Señor. Allí el Espíritu Santo convencía poderosamente a muchas almas de pecado, y *"los muertos de Jehová serán multiplicados"* (Isaías 66:16).

Esta clase de oración cuesta. Cuesta porque a medida que el Espíritu Santo se apodera del creyente y expresa sus deseos indecibles por su intermedio, entra en una participación de la muerte del Salvador y surge de nuevo en el poder de su resurrección. El pasaje de 2 Corintios 4:11 que dice, *"Porque nosotros que vivimos, siempre estamos entregados a muerte por causa de Jesús, para que también la vida de Jesús se manifieste en nuestra carne mortal"*, afirma que esta participación de la cruz y de la tumba vacía es una realidad en la vida del cristiano. La potencia de lo que podría llamarse "el proceso medianero de la muerte y de la resurrección", queda liberada, dando como resultado que los sepulcros de muchos que están muertos en delitos y pecados sean abiertos y el reino de Dios penetre en ellos con poder.

Hace varios años, mientras enseñaba una clase de jóvenes de la Escuela Dominical, fui grandemente sorprendido un domingo por la mañana al encontrarme con una nota de un joven a quien consideraba como uno de los asistentes más asiduos, diciéndome que se retiraba de la clase para nunca más volver, pues se consideraba indigno de concurrir a ella.

Mi primera sospecha fue de que habría algo torcido en la vida moral de ese joven. Por supuesto me sentí grandemente apenado. ¿Qué podría haber sucedido? Algunos días más tarde hablé sobre el asunto con la secretaria de la clase, que era una misionera experimentada y de cierta edad. Ella había hablado con el pastor con respecto a este joven y había descubierto que el pastor conocía todo el problema y que, dada su característica, había consultado con un médico, quien le dijo que abandonara el caso porque no había nada que hacer.

Un día, conversando con la misionera, experimentada en una vida de oración, le pregunté si tomaríamos como veredicto final la palabra de la medicina, o si apelaríamos a Dios en favor de este joven a quien habíamos llegado a amar. Ella me dijo que deberíamos llevar este problema a Dios.

"Muy bien", le dije, "oremos". Nos arrodillamos en el estudio del pastor, y después de un momento o dos, de pronto nos dimos cuenta de que la oración ya no era nuestra. Había pasado a otras manos. El Espíritu Santo la tenía. Nos vimos poseídos por un amor y una pasión por las almas como nunca habíamos sentido. Nuestros gemidos eran los gemidos indecibles del Espíritu Santo. Era como si nosotros fuésemos los espectadores. Habíamos sido transportados como por alas de águilas a una atmósfera donde pudimos reclamar el triunfo en el nombre de Jesús. La paz se apoderó de nuestro corazón.

El domingo siguiente el joven estaba presente en la clase, dando testimonio de que Dios había roto sus cadenas y que ahora estaba libre de ellas. Desde entonces han transcurrido veinticinco años, sin ningún traspié. Aquel joven es ahora un hombre, fiel miembro de la iglesia, con un testimonio radiante de Jesús, su Salvador.

8

La ley de la alabanza

Sucede a menudo que cuando la oración no alcanza el resultado deseado, la alabanza es el camino a la victoria. En la alabanza existe un poder que la oración no tiene como tal. Por supuesto la distinción entre las dos es artificial. Es evidente que en los Salmos la alabanza es la mejor expresión de la oración. *"Bendeciré a Jehová en todo tiempo"*, exclama el salmista, *"su alabanza estará de continuo en mi boca"* (34:1). *"Bendice, alma mía, a Jehová, y bendigan todas mis entrañas su santo nombre"*.

Así es cómo pide el salmista a su propia alma que desempeñe su función más elevada. *"Alabaré a Jehová en mi vida"*, dice, *"cantaré salmos a mi Dios mientras viva"* (146:2). También pide al sol, a la luna, a las estrellas rutilantes, sí, a toda la naturaleza, que se una a él para alabar al Señor en el Salmo 148. Está resuelto a que ninguna circunstancia, ninguna pérdida personal, ninguna catástrofe cualquiera sea su naturaleza, se interponga entre él y esta práctica piadosa. Penetremos en este asunto y en el "por qué" del poder de la alabanza, porque la oración no puede ser jamás el ejercicio gozoso e inconmensurablemente fructífero que Dios quiere que sea, a menos que esté envuelta en alabanza, y las razones son evidentes.

En primer lugar, la alabanza coloca a la oración en el plano más elevado y la purga de elementos indignos.

Cuando alguien ora a Dios por cosas solamente, por esto o por aquello, abarata a la oración y la rebaja. Además, insulta a Dios. Nunca podrá repetirse demasiado que Dios es infinitamente más grande que todos sus dones y beneficios. Si yo nunca le pidiera nada y lo tuviera a El, todavía lo tendría todo. Aún conservo el mal gusto en la boca (estaba por decir al lector que lo leí; pero no, me ví libre de acto tan repulsivo) que recibí al hojear un libro que en aquel momento se había hecho famoso, escrito por un actor cinematográfico, referente a la oración y titulado How to Use God (Cómo usar a Dios). Aunque vulgar y ordinario, tenía la virtud de ser honesto en su desvergüenza egocéntrica.

Pero no. Mil veces no. La oración no es el arte mañero que sabe usar a Dios, sujetándolo a los propios fines egoístas con el fin de conseguir de El lo que uno mismo quiere. Antes de que la oración pueda llegar a ser oración en el verdadero sentido bíblico, tiene que ser adoración, y esto significa alabanza. Si Dios no nos diera nunca nada de lo que le pedimos, y lo tuviéramos a El, todavía seríamos ricos sin tasa ni medida para el tiempo y para la eternidad; nuestra copa rebosaría siempre y nuestro gozo sería indescriptible.

Nosotros no nos acercamos a Dios principalmente para pedir cosas. Nos llegamos para adorar a Quien es infinitamente adorable, a Quien conocer es amar y a Quien toda la eternidad no ofrecerá oportunidad suficiente para adorarle. Solamente el hecho de la cruz y de la redención que de ella emana es una bendición tan inconmensurablemente grande que todas las campanas del corazón tocan a vuelo de gozo, y lo colocan en una posición tal de deuda y gratitud inenarrables, que no bastará toda la alabanza de la eternidad.

Los santos —empleando este término en el sentido estrictamente bíblico— a través de todas las edades se han percatado de que, cuando se ora para ciertos fines y la oración fracasa, entonces la alabanza obtiene el éxito. Analicemos las razones con mayor detenimiento. Cuando ofrecemos alabanza frente a circunstancias que son realmente contrarias a nuestra felicidad, nos colocamos del lado de Dios, quien, aunque puede no haber ordenado nuestras circunstancias por su voluntad soberana, por lo menos las ha permitido. La tendencia natural es de murmurar y encontrar fallas y defectos, y orar por condiciones mejores, desde el punto de vista humano.

Pero todas las cosas obran para el bien de quienes aman a Dios, de modo que nada se halla tan en orden como la alabanza. El refinador quita el oro del fuego una vez que ha quitado la escoria. *"Cuando pasares por las aguas, yo seré contigo ... Cuando pasares por el fuego, no te quemarás . . . Porque yo Jehová Dios tuyo, el Santo de Israel, soy tu Salvador"* (Isaías 43:2, 3).

Job aprendió la lección. Parecería que en su caso el horno hubiera sido calentado siete veces más que lo corriente. Sin embargo, Job salió sano y salvo de la prueba. ¿Qué, sano y salvo? No, transformado, y pudo orar por esos llamados amigos que tanto atormentaron al patriarca con sus acusaciones veladas.

Cuando él oró en favor de sí mismo para que todas sus llagas pestilenciales fueran curadas, nada sucedió; pero cuando Job oró por quienes le habían causado semejantes angustias morales en medio de sus tormentos físicos, el Señor quitó sus sufrimientos. Job tuvo que desentenderse totalmente de sí mismo. Job murió y fue resucitado. *"Aunque me matare, en él esperaré"*, exclamó el patriarca, y Job recibió una gloria que fue mucho más allá de sus más caras esperanzas.

Pero no fue la oración, como se supone generalmente, lo que llevó a la solución. Fue la alabanza en su sentido más profundo. *"Aunque me matare, en él esperaré"*. Este fue el incienso suave delante de Dios. Este es el lenguaje de la alabanza.

Todos los grandes místicos de la Iglesia hablan de "la negra noche del alma" cuando aplican la cruz a los últimos vestigios de su propia vida, y el alma se siente liberada de sus propios gustos secretos, aun en los asuntos espirituales, y aprende a amar a Dios, y a Dios solamente. Esto debería ser lo normal en la vida cristiana.

Amar a Dios por sus dones representa una abominable inversión de valores. Amar a una joven por el dinero que su padre rico pueda tener en el banco, sería traición, no amor. Esto hay que repetirlo continuamente. Tenemos que amar a Dios por lo que El es en sí mismo, no por sus dones. El tiene que hacer que le lleguemos a amar a El, para nuestro propio bien y para su alabanza. El proceso es a veces largo y doloroso. Pero hay que hacer la poda.

Tenemos que pasar por la misma experiencia del apóstol Pablo y ser conformados a la muerte del Salvador en el poder de su resurrección, Filipenses 3:10. Debe entenderse bien claramente que no hay nada como la alabanza para conducirnos a través de "la noche del alma," donde Cristo, el Señor, es amado por lo que El mismo es, y no por el cielo que nos tiene prometido.

En segundo lugar, nada tiene tal poder como la oración para convertir a nuestras aparentes derrotas en victorias gloriosas. Cuando la marcha es demasiado difícil, entonces la alabanza nos saca del pantano. Nosotros, debido a nuestro modo de ser, nos daríamos por vencidos, temeríamos y dudaríamos. Pero el triunfo de la fe llega cuando cantamos, a pesar de todo. Pablo, preso en Filipos, con las espaldas sangrando debido a los azotes recibidos, los pies en el cepo y encerrado en la mazmorra más inmunda, cantó, aunque era medianoche. ¿Con qué resultado? Se produjo un terremoto, las puertas de la cárcel se abrieron, y el carcelero exclamó, *"Señores, ¿qué debo hacer para ser salvo?"* Un avivamiento, almas salvadas, la penetración triunfante del Evangelio en Europa, y Pablo y Silas más que vencedores por medio de Aquel que los amó. Estos fueron los resultados.

Aunque quizá no nos agrade admitirlo, lo cierto es que la expresión más sublime de la fe no es la oración en su acepción común de petición sino la oración en su más sublime expresión de alabanza. La alabanza, especialmente vista desde el plano meramente humano, trae toda una serie de razones para dudar y desesperar, es la fe llevada a su máximo.

El profeta Habacuc ofrece un ejemplo bíblico clásico en el capítulo final de su libro, donde dice: *"Aunque la higuera no florezca, ni en las vides haya frutos, aunque falte el producto del olivo, y los labrados no den mantenimiento, y las ovejas sean quitadas de la majada, y no haya vacas en los corrales; con todo, yo me alegraré en Jehová, y me gozaré en el Dios de mi salvación"* (3:17-18).

Cierto misionero estaba pasando por grandes tribulaciones. Había orado y orado y orado, sin ningún resultado. Un día entró en una solitaria y depilada misión y descubrió que en una pared frontal estaba pintada una frase con grandes letras, ¿Has probado la alabanza? Estas palabras le causaron el efecto de un rayo. Lo haría enseguida. Se arrodilló allí mismo, ofreció alabanza a Dios por su gran aflicción y se incorporó reconfortado. Para gran sorpresa suya, poco tiempo después encontró que todo su problema se había solucionado. Las dificultades se habían evaporado; su gozo era indescriptible. La alabanza lo había conducido a la victoria.

Cuando uno considera profundamente el asunto, descubre que la alabanza es el medio más efectivo para colocar la propia vida en línea con los propósitos de Dios. Por naturaleza estamos colocados en el polo opuesto. Nos agrada encontrar fallas, criticar y murmurar. Pero lo que da raíces a nuestra murmuración es el orgullo. No hay nada más efectivo que la alabanza para divorciarnos de esta tendencia carnal y llevarnos al terreno opuesto de la vida de la nueva creación en Cristo Jesús, en quien, según leemos en Romanos 6, hemos muerto al pecado y sido vivificados para Dios. Esto remacha todo el asunto. "El viejo hombre" es un gruñón crónico e incurable. El temple de la nueva creación en Cristo Jesús encuentra su vida de expresión en su alabanza a Dios. Canta para siempre y, venga lo que venga, da gracias por todo.

Un pastor, que deseaba conseguir el despertamiento espiritual de su congregación, llamó a su pueblo para que celebraran una semana de cultos de alabanza. Habrían de reunirse todas las noches, pero con un sólo propósito: alabar a Dios. Al principio costó mucho. Los hermanos de la iglesia no entendían. Las oraciones eran del antiguo tipo de súplicas. Detrás de estas oraciones puede haber mucho de llanto y quejas, muy bien enmascarado, por supuesto.

Y el pastor les decía, "No, hermanos. No se me ha entendido. Yo estoy pidiendo alabanza". Para el miércoles por la noche se había producido un pequeño cambio. El jueves hubo más alabanzas. El viernes más aún. Al llegar el domingo toda la congregación había cambiado. Un nuevo día había irrumpido. El domingo fue un día como esa congregación jamás había visto. Estaba en medio de un avivamiento. La gloria de Dios llenaba el templo. Los creyentes habían vuelto a su primer amor. Los corazones estaban derretidos. El agua de vida, clara como el cristal, que procede del trono y del Cordero, comenzó a invadir la iglesia. Era maravilloso. La alabanza lo había conseguido. *"Tú eres santo, tú que habitas entre las alabanzas de Israel"* (Salmos 22:3).

9

La ley del motivo debido

No ha nada tan perjudicial para la oración como el motivo indebido. La eficacia de la oración queda menguada inconmensurablemente en el momento en que el intercesor cesa de buscar la gloria de Dios. La oración pierde su poder y su eficacia en la medida que prevalece la vanagloria, y el "yo" surge como un fin en sí mismo. Tiene que existir la sencillez y llaneza de las cuales habló tantas veces el Señor; porque de no haberlas, El no puede libertar el poder de su omnipotencia para contestar la oración. El Señor ha dicho que a nadie dará su gloria.

Todo esto quiere decir que no hemos de buscar a Dios para nuestra mera conveniencia personal. Permítasenos decir una vez más que considerar a la oración como el medio para conseguir cosas de Dios, significa la vulgar degradación del arte más elevado que le es dado conocer al ser humano. Santiago declara que no recibimos porque no sabemos pedir, y no sabemos pedir cuando buscamos a Dios por las cosas, y no por El mismo. El Dador es infinitamente más que la dádiva. Si valoramos alguna bendición por la que hemos orado, o alguna "cosa" que esté por encima de Dios, la oración queda degradada, y Dios deshonrado.

El oficio primario de la oración es el de la comunión con Dios. Tenerlo a El es tenerlo todo. Perderlo a El es perderlo todo. En El estamos completos, como lo afirma el apóstol Pablo en su carta a los Efesios. Alcanzar algo menos que Dios mismo es errar el blanco. A menos que el Señor, al contestar nuestras oraciones, consiga allegarnos a El, es posible que tenga que hacer oídos sordos a nuestras peticiones. El Salvador censuró a las multitudes que lo buscaban por los panes y los peces. ¿Entonces nunca debemos pedir cosas? Por supuesto que sí, pero esas cosas deben ser buscadas por lo que Dios es en sí mismo.

La pasión dominante del alma debe ser el nombre y la gloria de Dios. Por ejemplo: una cosa es que una buena esposa busque al Señor y le pida la conversión de su esposo, porque sería muy hermoso que no regresara ebrio a su casa y maltratara a los hijos, y que fuera como su vecino Juan Pueblo, que es cristiano, y cuya presencia resulta una bendición para todo el vecindario. Muy otra cosa es que esta esposa afligida pida a Dios por la conversión de su marido, de modo que su santo nombre sea glorificado en una vida dedicada al honor y alabanza de Dios. Si esta buena esposa puede decir, "Señor, trae a mi esposo al conocimiento de tu amor, para que tu nombre sea glorificado en él", esta clase de oración asume una eficacia que el cielo no puede resistir. La respuesta vendrá, porque Dios tiene que contestar a semejante oración.

"Como el ciervo brama por las corrientes de las aguas", exclamó el salmista, *"así clama por ti, oh Dios, el alma mía"*. Este es el motivo debido. Dios tiene que ser buscado por lo que El mismo es. ¿Puede ser comparado con El alguna cosa? El cielo sería deslucido, opaco, vacío y sin significado sin Dios.

Si El nos diera todo cuanto le pedimos: bendiciones, riquezas, salud y largura de días, pero no a El mismo, todo eso se transformaría en dolor, vergüenza, futilidad y pérdida amarga inconmensurables. Eso sería el infierno. Si buscamos primero el reino de Dios y su justicia, tenemos la promesa de que todas las demás cosas nos serán añadidas.

"Padre nuestro que estás en los cielos, santificado sea tu nombre". Ahí está la oración que se inicia con el móvil debido, o sea que el nombre de Dios sea glorificado. El celo de la casa del Señor debe consumirnos, así como lo consumió a Jesús. Pero, para llegar a ello, ¡cuánta purificación y limpieza, cuántas lágrimas, cuánto arrepentimiento, cuánta aplicación de la cruz al viejo hombre se necesita! El "yo" es duro para morir.

"Los que son de Cristo han crucificado la carne". Si algún creyente se sale de foco frente a la cruz, e impide que el Espíritu Santo aplique en su vida lo que se ha dado en llamar "el proceso medianero de la muerte y la resurrección", el "yo" egoísta levanta de nuevo su cabeza horripilante, en busca de su gloria. El "yo" trata de robar la gloria de Dios, *"Por cuanto los designios de la carne son enemistad contra Dios; porque no se sujetan a la ley de Dios, ni tampoco pueden"* (Romanos 8:7).

Y así hemos vuelto al lugar de donde partimos cuando hablamos de la ley de la debida posición, esto es, la unión con Cristo. Hemos sido llevados de nuevo a la cruz como el principio básico por el cual Dios administra su gobierno. En el capítulo 5 del libro de Apocalipsis leemos que en medio del trono está *"un Cordero como inmolado"*, o sea dicho en otras palabras: que el trono de Dios está asociado eternamente con la cruz de Cristo.

Los tronos son para gobernar, y el Calvario es el principio básico desde el cual proceden los tratos de Dios con el hombre. Por eso Dios puede ser justo consigo mismo y justificar al pecador, y tratarlo como un hijo en el momento en que cree en el Señor Jesucristo y lo acepta como Salvador personal, aunque hasta ese momento haya pisoteado innumerables veces su santa ley y se haya burlado y mofado de El millones de veces. Tal persona merece ser cortada para siempre de la misericordia de Dios. Sin embargo, el reino de Dios está basado en el hecho de que el castigo de nuestra paz fue sobre Cristo, quien llevó en su cuerpo y sobre el Calvario los pecados de todos los hombres.

Todo esto en cuanto al lado divino del asunto que declara que el trato de Dios con el hombre arrepentido y creyente es mediado por la Cruz. En cuanto al lado humano, va sin decirlo que el acercamiento del hombre a Dios tiene también a la cruz como su principio básico. Jesús, el Señor, es el camino. Y es el único camino. Nadie puede ir al Padre sino por medio de El. Y su camino es el camino de la cruz.

Tal como se nos dice en Romanos 6, "el hombre viejo" tiene que ser crucificado con Cristo. Al cristiano se le ordena reconocerse como muerto para el pecado y vivificado para con Dios. Este es el método que Dios emplea para tratar con ese principio que ha perturbado el universo y dado tanto hincapié a Satanás en este viejo mundo, el principio que llamamos pecado. Se sobreentiende que aquí encontramos también el método que Dios aplica al tratar las dificultades de la oración, cuando el cristiano se acerca al trono de la gracia.

El orgullo es el obstáculo que lo abarca todo. El viejo "yo" no puede mantener tratos con Dios. Judicialmente está crucificado. En medio del trono está *"un Cordero como inmolado"*. Ahora bien, el Cordero es un hombre (el Dios-hombre). El hombre ya está en el trono representativamente. Pero para llegar hasta el mismo trono, el ser humano tiene que colocarse donde estuvo su precursor: en su muerte y en su resurrección.

Ningún otro factor o elemento puede tomar el lugar de ese principio que trata de despojar a Dios de su gloria. Es decir, nada equipa al cristiano para la oración como la cruz de Cristo. Cuando el creyente, por medio de la fe y de la cooperación del Espíritu Santo, penetra en la experiencia del capítulo 6 de Romanos, entonces hace suyas las glorias que son la herencia de quienes son sencillos de corazón, y en quienes no hay engaño. El único propósito que les guía es la gloria de Cristo, porque han sido crucificados conjuntamente con El. El móvil es correcto. En todas las cosas no tiene más que una mira y objetivo: la gloria de Dios.

Desde este punto de vista, la oración no tiene límites, porque el cristiano es uno con la fuente de toda riqueza y poder espiritual, y puede girar contra el banco del cielo, como solía decir Spurgeon, con gran contentamiento suyo, y ahora como nunca se hace realmente gloriosa la asombrosa promesa, *"Si permanecéis en mí, y mis palabras permanecen en vosotros, pedid todo lo que queréis, y os será hecho"* (Juan 15:7).

Aquí aparece también la razón por la cual tan pocos cristianos entran en el ministerio de la oración, aunque se sientan llamados a hacerlo por las grandiosas y preciosas promesas contenidas en la Palabra de Dios. Es que cuesta. *"Si alguno está en Cristo, nueva criatura es: las cosas viejas pasaron; he aquí todas son hechas nuevas"* (2 Corintios

5:17). Cuesta destruir "las cosas viejas". "La carne", con toda la idolatría del "yo", y todos los móviles corruptos tienen que ser crucificados. La sencillez de corazón y la integridad de propósitos significan el escalamiento de un monte Everest muy real, el Calvario. Y eso hay que conseguirlo. La gloria de Dios es la meta.

Ya hemos citado el ejemplo desafiante de la gran oración de Moisés. Fue pronunciada en ocasión del gran pecado cometido por Israel cuando adoró el becerro de oro. Moisés dijo que temió "*a causa del furor y de la ira con que Jehová estaba enojado contra [Israel] para destruiros*" (Deuteronomio 9:19). Moisés dice que estuvo postrado delante de Dios cuarenta días y cuarenta noches. Fue una oración larga de lucha y de batalla. Moisés estaba resuelto a que el Señor perdonara. "*Acuérdate ... de Abraham, Isaac y Jacob*", exclama; "*no mires a la dureza de este pueblo, ni a su impiedad, ni a su pecado*"

Y ahora llegamos a la médula central del argumento de Moisés mientras implora por su causa. Es una revelación de la motivación básica de la oración del gran conductor. Pensaba en la gloria de Dios. Las llamas de su pasión estaban encendidas por el grande y glorioso nombre del Señor, que tiene que ser magnificado. Escuchémosle mientras ora: "*No sea que digan los de la tierra de donde nos sacaste: Por cuanto no pudo Jehová introducirlos en la tierra que les había prometido*" (Deuteronomio 9:28). ¡Qué precioso! Moisés está preocupado por la gloria de Dios. El resto ocupa un segundo plano. No podía soportar la idea de que los egipcios hablaran mal del Señor. Dios tiene que ser glorificado en Egipto. No hemos de extrañarnos que Moisés prevaleciera y ganara la batalla.

A quien es sincero de esta manera, el Señor habla

como en el Cantar de los Cantares donde el amado dice: *"Prendiste mi corazón, hermana, esposa mía; has apresado mi corazón con uno de tus ojos, con una gargantilla de tu cuello"* (4:9). Esto es algo que Dios no puede resistir. Sencillamente lo vence. Lo lleva cautivo. Las riquezas de su reino están a la disposición de quienes buscan su gloria solamente.

Una cosa es orar impulsado por motivos de variada índole, y algo muy diferente es orar movido por la pasión por la gloria de Dios. Estos son los intercesores cuyas oraciones han cambiado el curso de la historia, y cuyas súplicas delante del trono de la gracia han traído una inundación de bendiciones sobre naciones enteras. A ellos el cielo no puede negarles nada. ¡Señor, enséñanos a orar!

10

La ley del diagnóstico correcto

Una buena parte de las oraciones, por sinceras y fervientes que sean, tienen poco alcance o ninguno, simplemente porque no ha habido una percepción clara de la situación de donde han surgido, y no porque el Padre celestial no les presta atención o no tiene en cuenta las grandes y preciosas promesas que El mismo ha formulado. No se ha hecho un buen diagnóstico. Los asuntos no se han contemplado desde el punto de vista de Dios. Si hemos de orar correctamente y tener éxito, tenemos que ver las cosas como si fuera con los ojos de Dios. Muchas veces Dios se mueve en una dirección, y nosotros en otra. No hemos tomado en cuenta, "*Estad quietos y conoced que yo soy Dios*".

Para orar la oración de fe, la oración del justo que obrando eficazmente puede mucho, tenemos que aprender a distinguir la voz de Dios y saber qué es lo que quiere. El éxito no depende tanto de nuestra mucha petición, de nuestra habla persistente, como de la atención cuidadosa con que escuchamos. "*Sobre mi guarda estaré*", dijo Habacuc, "*y sobre la fortaleza afirmaré el pie, y velaré para ver lo que se me dirá . . .*" (2:1). Como podemos leer en el capítulo primero, el profeta había orado: "*¿Hasta cuándo, oh Jehová, clamaré, y no oirás; y daré voces a ti a causa de la violencia, y no salvarás? ¿Por qué me haces ver iniquidad,* *y haces que vea molestia? Destrucción y violencia están delante de mí, y pleito y contienda se levantan. Por lo cual la ley es debilitada, y el juicio no sale según la verdad; por cuanto el impío asedia al justo, por eso sale torcida la justicia"* (1:2-4). ¡Cuántas veces clamamos de igual modo a Dios! Existe el mal, existe el sufrimiento, existe la opresión, somos mal entendidos y hay lenguas maldicientes que nos muerden como si fueran víboras; nos encontramos arrinconados entre la espada y la pared; clamamos a Dios y no recibimos respuesta.

Tenemos que hacer lo que hizo el profeta. Al fin decidió aplacar su propia alma. Resolvió permanecer quieto y conocer primero el punto de vista de Dios. Y el resultado fue milagroso. No estuvo sentado mucho tiempo en la torre de atalaya para ver qué habría de decirle el Señor, antes que llegara la respuesta. *"Y Jehová me respondió, y dijo: Escribe la visión, y declárala en tablas, para que corra el que leyere en ella. . . aunque tardare, espéralo, porque sin duda vendrá, no tardará"* (2:2,3). Toda la lamentación cesó y el profeta estuvo junto a Dios en el cumplimiento de un juicio terrible contra su pueblo, debido a su orgullo e idolatría, y para el cual Dios emplearía a los caldeos como instrumentos.

El profeta había estado orando su oración de queja que terminó en un lamento y murmuración, y que no lo condujo a ninguna parte. Pero cuando vio las cosas como era después de haber esperado en Dios, y consiguió el diagnóstico verdadero de la situación, dio media vuelta y oró en consonancia con la voluntad revelada del plan de Dios, lo que trajo a luz el hecho de que Israel tenía que sufrir con propósitos correctivos, que el amor no podía evitar que sufrieran por sus pecados, y que los caldeos, una vez que hubiesen infligido e ljuicio que Dios consumaría por medio de ellos, serían juzgados a su vez por pecados mucho peores.

Si no queremos que nuestras oraciones sean inútiles, tenemos que consignar a la Cruz todo sentimentalismo enfermizo. Volvemos a encontrarnos con el principio de la posición relacionado con la oración. Porque es en Romanos seis que se nos dice que "el hombre viejo," esto es, la vida egocéntrica corrupta, fue crucificada conjuntamente con Cristo, para que el cuerpo de pecado pueda ser destruido. La mente carnal, que según Romanos 8:7 es enemistad contra Dios y que contempla todas las cosas a la luz de sus propios intereses, que juzga como bueno todo lo que favorece al "yo" y descarta con toda frialdad los propósitos de un Dios soberano, jamás puede llegar al diagnóstico adecuado de ninguna situación.

Para comprender correctamente tenemos que colocarnos en el mismo terreno que Pablo cuando dijo, "*Con Cristo estoy juntamente crucificado, y vivo, no ya yo, mas vive Cristo en mí: y lo que ahora vivo en la carne, lo vivo en la fe del Hijo de Dios, el cual me amó y se entregó a sí mismo por mí*". El Señor Jesús, nuestro adorable Salvador, es el ejemplo en este caso como en todas las cosas. El sudó sangre en el jardín del Getsemaní, y como hombre exclamó, "*Padre mío, si es posible, pasa de mí esta copa*". El pudo hacer eso porque era carne de nuestra carne y fue tentado en todo como nosotros, aunque en 1 Timoteo 3:16 se nos dice claramente que era Dios manifestado en carne humana.

Pero este grito humano surgido del alma del Redentor, acongojada hasta la muerte en aquella hora del sudor de sangre, fue seguido por otro que representó plenamente el punto de vista divino, que dio testimonio al maravilloso plan de las edades tal como aparece en la Escritura Sagrada, y por el hecho de que el Cordero de Dios fue inmolado desde la fundación del mundo en un sentido real, todo lo cual puede descubrirse en la antigua tipología de Israel. *"No se haga mi voluntad, sino la tuya"*. Y el Hijo de Dios, que no era menos el Hijo del hombre, emergió de las densas tinieblas del Getsemaní, para poner su rostro, cual pedernal, hacia el Calvario, tal como dijo el profeta que lo haría.

Si sólo pudiésemos ver y comprender qué es lo que Dios busca y se propone, esto es, nuestra conformación como cristianos de acuerdo a la imagen de nuestro Señor crucificado, ¡cuán distinta sería nuestra vida de oración! Pablo dijo que su deseo supremo era ser conformado a la muerte de Cristo, en el poder de la resurrección del Salvador y en la participación de sus sufrimientos, al que sigue la apasionada expresión de ser uno con Cristo en su muerte y resurrección para declarar inmediatamente, *"Así que, todos los que somos perfectos, esto mismo sintamos"* (Filipenses 3 :13-15).

Si pudiésemos ver la gloria de la meta divina desde el punto de vista del cielo y de la eternidad, no oraríamos por la remoción de nuestro aguijón particular, como Pablo pidió por el suyo. Nos gloriaríamos en nuestro aguijón, como Pablo una vez que captó la visión de su significado desde el punto de vista del trono de Dios, y daríamos gracias porque el Señor nos está diciendo, *"Bástate mi gracia"*. Estaríamos satisfechos al saber que su fuerza se perfecciona en nuestra debilidad.

Muy a menudo contemplamos las cosas desde el

plano del tiempo únicamente. Medimos el éxito con la vara de la salud y de la comodidad. Dios opera en el carácter cristiano desde el punto de vista de la eternidad, que tiene como finalidad la conformación de nuestra naturaleza a la del Cordero que fue inmolado por nosotros. Teniendo por meta la conformidad con el Crucificado, podemos glorificarnos en aquellas cosas contra las cuales apuntan gran parte de nuestras oraciones.

Oramos para que cesen las guerras y para que los hombres conviertan las espadas en hoces, y tenemos la seguridad de la Palabra de Dios que llegará el día cuando eso será una realidad gloriosa. Pero esperar que eso suceda ahora, significa violar toda sana interpretación bíblica. Naturalmente como cristianos aborrecemos y abominamos ese factor satánico que es la guerra, y podemos orar por la paz dentro de ciertos límites. ¡Gracias a Dios por todas las almas amantes de la paz que oran por una mejor comprensión entre las naciones!

¡Ojalá su número se multiplicara cien mil veces! Pero a fin de que no nos descorazonemos, no debemos olvidar el hecho de que, de acuerdo a la Palabra del Inmaculado, quien no sólo es Sacerdote y Rey sino también Profeta, esta era presente terminará con un período de tribulaciones como jamás la historia de la humanidad ha contemplado. *"Mirad, no seáis engañados ... Se levantará nación contra nación ... habrá señales ... y en la tierra angustia de las gentes ... desfalleciendo los hombres por el temor y la expectación de las cosas que sobrevendrán en la tierra; porque las potencias de los cielos serán conmovidas. Entonces verán al Hijo del Hombre, que vendrá en una nube con poder y gran gloria. Cuando estas cosas comiencen a suceder, erguíos y levantad vuestra cabeza, porque vuestra redención está cerca"*

(Lucas 21:8, 10, 25-28). El escenario está listo. Todo da a entender que se aproxima el fin del tiempo de los gentiles.

Nosotros podemos y debemos orar por la paz, y Dios, en su gran misericordia puede detener sus juicios (como en el caso cuando Abraham oró por Sodoma, cuya destrucción quedó postergada hasta que Lot fue liberado), con los que, de acuerdo a las Escrituras, terminará esta dispensación perversa.

Pero esperar y orar por un orden mundial que solamente la aparición de Cristo podrá traer, es proceder sobre la base de un diagnóstico equivocado que es un callejón sin salida y que sólo conduce a la desesperación.

Cuando oramos la oración con que cierra la Biblia, la oración que pronunció el apóstol de la solitaria isla de Patmos, *"Ven, Señor Jesús"*, entonces pisamos tierra firme y segura. La revelación cristiana de la Sagrada Escritura tiene su propio testimonio. Tenemos la palabra de Cristo de que El volverá. Tenemos el testimonio de los apóstoles inspirados por Dios. Muchas de las señales que el Salvador anticipó ya están sobre el horizonte. Israel es nación de nuevo, como las Escrituras declaran que lo sería después de siglos de dispersión, tal cual el Señor Jesús dijo que sería la señal del cierre de la edad de la supremacía de los gentiles.

La respuesta que Cristo, el Señor, dio a la oración de Juan fue, *"Ciertamente, vengo en breve"*. Nuestras oraciones deben correr paralelas con los propósitos que Dios mismo ha revelado, cuando miramos al futuro y deseamos el amanecer de un nuevo día en el que la maldición de la perversidad, el fruto de una humanidad degradada y envilecida, habrá terminado para siempre. Dejarnos gobernar por un sentimentalismo enfermizo equivale a esconder la cabeza en la arena, como dicen que hace el avestruz cuando ve que se acerca la tormenta.

Sabemos bien que la doctrina de los tiempos del fin no es popular. Pero quienes van en pos de frases suaves y doctrinas populares tienen que separarse en algún punto del camino de la vida, de Quien vino a este mundo para subir a la amarga Cruz, porque su mensaje seccionó al orgullo humano, como si hubiera sido cortado con una espada de dos filos.

11

La ley de la guerra

Hemos llegado a la ley final, que pocas veces se toma en cuenta. Esta ley indica que la oración tiene que estar dirigida contra el gran enemigo de Dios, el adversario que siempre está sobre la marcha mobilizando sus fuerzas con suma estrategia para desbaratar la causa del cristiano, de modo que las almas se vuelvan contra Cristo, el Salvador del mundo.

Este tipo de oración agresiva, que tiene todas las características de una guerra, cuenta con abundante autorización escrituraria. En el Antiguo Testamento aparece en forma brutal en Israel, la gran figura, cuando se le ordena arrojar a los cananeos, destruir sus ciudades, matar a sus reyes y aniquilar sus fortalezas. Los israelitas no debían hacer alianzas con aquella gente dominada por los demonios. Tenían que expulsarlos sin misericordia y a su vez, poseer la tierra.

Todo esto halla perfecta concordancia en el gran antitipo de la guerra cristiana contra los poderes de las tinieblas relatada en el capítulo final de la Epístola a los Efesios, donde se nos declara que no luchamos contra sangre y carne, sino contra principados, contra potestades, contra gobernadores de las tinieblas del mundo, y se nos amonesta a prepararnos con toda la armadura de Dios.

Si no captamos el significado del gran hecho de la

oración guerrera contra los poderes de las tinieblas, no comprenderemos gran parte del ministerio y de las enseñanzas del Salvador. Todo parecerá un enigma que no tiene solución. "*¿Cómo puede alguno entrar en la casa del hombre fuerte, y saquear sus bienes*", dijo Jesús, "*si primero no le ata? y entonces podrá saquear su casa*". Cuando los setenta regresaron de su misión de predicación, el Señor les dijo: "*Yo veía a Satanás, como un rayo, que caía del cielo. He aquí os doy potestad de hollar sobre las serpientes y sobre los escorpiones, y sobre toda fuerza del enemigo, y nada os dañará*". Lo que se llama "el mandato de la fe", que no sólo parece extraño a muchos cristianos, y entre ellos obreros de no poca monta, y que a veces es rechazado con con molestia, fue establecido del modo más formal y categórico como principio de la vida y acción del cristiano.

Con el mismo aliento con que el Señor dijo, "*Todo lo que pidiereis orando, creed que lo recibiréis, y os vendrá*", continuó diciendo, "*Porque de cierto os digo que cualquiera que dijere a este monte: Quítate y échate en el mar, y no dudare en su corazón, sino creyere que será hecho lo que dice, lo que diga le será hecho*" (Marcos 11:23).

Esta clase de oración, que ya no está en boga pero es necesitada con desesperación en un mundo cuyo gobernante es el príncipe de las tinieblas y que como nunca antes en la historia está experimentando dolorosamente la agonía de la opresión satánica, tiene como su fundamento firme el hecho infinitamente significativo que el Redentor quebró la cabeza de la serpiente en la Cruz del Calvario. ¿No podría ser, como leemos en el capítulo 12 del Apocalipsis, que estemos entrando en una etapa de la historia en la que, sabiendo el enemigo que su tiempo está contado, actúa con grande ira y poder?

Nadie debe atreverse a participar de esta guerra si no está interiorizado profundamente del significado de la redención efectuada por Cristo, hasta sus últimos detalles. La Palabra de Dios es bien concisa y precisa a este respecto. ¿Acaso no se nos dice que el Salvador destruyó por la muerte a quien tenía el imperio de la muerte, es a saber, al diablo? Hebreos 2:14. ¿No se nos da a entender que "*despojando a los principados y a las potestades, los exhibió públicamente, triunfando sobre ellos [en la cruz]*"? (Colosenses 2:15).

Pero esta victoria, así como la remisión de los pecados o cualquiera otra bendición que surge de la sangre preciosa que el Redentor derramó en la cruz del Calvario, tiene que ser apropiada y hecha operativa por medio de la fe; de otra manera, la cruz no tiene efecto. El enemigo y sus huestes andan por el mundo (se nos dice que engañan a las naciones) y se apoderan hasta de iglesias y misiones, porque encuentran entrada fácil donde hay mundanalidad y pecado, orgullo y herejías, rivalidades y ambiciones carnales. Donde no hay nadie que le dispute su autoridad basándose en la victoria del Calvario. El enemigo se dará maña para apoderarse del terreno y pa-ralizar el esfuerzo cristiano, por medio de maquinaciones habilidosas para las que su genio infernal no tiene paralelo.

En muchas iglesias la atmósfera se ha tornado densa y tensa, y la Palabra de Dios ya no capta las almas con poder, porque el enemigo se ha infiltrado en ellas de un modo artero y solapado. Los cielos ya no están abiertos a las manifestaciones espirituales de quien dijo, "*He aquí, yo estoy con vosotros todos los días*".

Tiene que surgir algún Gedeón quien, ceñido con la armadura de Dios, desafíe al enemigo y que poniendo en acción la dinamita de la Cruz, dé en el blanco con éxito seguro. (empleamos la palabra dinamita porque la palabra de la Cruz es el poder de Dios —y la palabra griega es dunamis, de donde viene nuestro vocablo dinamita. Ver 1 Corintios 1:18. El resultado será el pánico y la destrucción en las filas enemigas.

En la obra de Frazer titulada Beyond the Ranges (Más allá de la frontera), figura una ilustración que viene al caso. Es la historia de un misionero evangélico que estaba tratando de abrir una obra nueva en las villas de la frontera entre China y Burma. Frazer dice que diariamente podía respirar las emanaciones del infierno. La obra avanzaba tan lentamente que ya estaba por desistir, totalmente descorazonado, cuando cayó en sus manos un folleto que consiguió enfocar su atención en el hecho de que el Redentor ganó la victoria sobre los poderes de las tinieblas por medio de su muerte y resurrección, y que la victoria tiene que ser apropiada y puesta en ejecución por medio de "un mandato de la fe".

Frazer nunca había encarado el problema en esta forma, ni ejercitado semejante clase de fe. Encontrándose desesperado, resolvió ponerlo a prueba. Se fue a un lugar solitario, donde pudiera estar a solas, sin que nadie lo observara, y allí dio "el mandato de la fe", como arrojando virtualmente la victoria de la cruz en medio de las filas enemigas.

Alabó a Dios con todas las fuerzas de sus pulmones por la victoria del Salvador y en su santo nombre ordenó la dispersión de las huestes enemigas. Frazer dice que fue el punto decisivo de su lucha desesperada contra el paganismo y la corriente cambió de rumbo. El mismo misionero cuenta cómo más tarde un poderoso avivamiento inundó las villas que bordean a Burma, realizando una transformación maravillosa, quedando establecido el Reino de Dios donde antes imperaba Satanás.

La victoria no presenta siempre formas tan dramáticas. A veces es alcanzada silenciosamente sobre las rodillas de quien ora. Es posible que el cristiano asuma alguna actitud tranquilizadora en su hogar, donde no ha prevalecido la paz de Dios que sobrepuja todo entendimiento. Las situaciones tensas, la impaciencia, las palabras duras y la crítica han provocado una atmósfera pesada, robando al hogar la paz y el bienestar. El enemigo trata siempre de inflamar el yo por medio de críticas, alborotos, murmuraciones y envidias.

La Cruz tiene que hacerse cargo de esa situación. En primer lugar, en Gálatas 5 tenemos bien descritas "las obras de la carne" con su veredicto categórico: *"los que son de Cristo han crucificado la carne con sus pasiones y deseos"*. En segundo lugar, hay que tomar una decisión contra la operación de los espíritus demoníacos que tratan de destrozar, si es posible, el hogar cristiano. *"Vuestro adversario el diablo, como león rugiente, anda alrededor buscando a quien devorar; al cual resistid firmes en la fe ..."* (1 Pedro 5:8,9). Jesús, el Señor, fue manifestado para destruir las obras del diablo. De modo que cuando reclamamos su destrucción en el nombre de Cristo, pisamos terreno escriturario seguro.

O tal vez puede tratarse de una misión cristiana situada en algún lugar lejano en tierras paganas, donde el enemigo ha logrado sentar sus reales por medio de envidias y orgullo y ambiciones personales desatadas entre el personal. La situación se ha tornado tensa y el Espíritu de Dios no puede actuar con poder para dar libertad y gozo. Las oraciones comunes del tipo de peticiones no producen ningún resultado. ¿Qué hay que hacer? El enemigo tiene que ser "atado" y echado fuera.

Esto no se consigue de la noche a la mañana. Es posible que la lucha sea larga y dura. Pero la victoria del Calvario tiene que producir, al fin, el derrumbe de las fortalezas del enemigo, y aclarar gloriosamente la atmósfera espiritual, en la que el Espíritu Santo pueda manifestarse realizando grandes obras, si es que esa victoria se mantiene persistentemente con fe contra el malo y todos sus agentes.

Puede ser que se trate de algún seminario teológico donde se nieguen los grandes principios de la fe cristiana, y se los reemplace por las vanas y fútiles filosofías de los hombres. Porque es posible luchar inútilmente con armas carnales y la situación puede empeorar. Con todo, cuando algún buen soldado de Jesucristo que se encuentra envuelto, reconoce que en el fondo de todo está el trabajo de astucia y engaño de Satanás y sus agentes, y toma una posición contra los poderes de las tinieblas, y reclama en el nombre del Señor la destrucción de todas sus obras, porque Cristo acabó en el Calvario con el dominio del príncipe de las tinieblas, ese soldado lucha, por decirlo así, en los lugares celestiales con armas que no son carnales sino poderosas en Dios, hasta que se produzca el derrumbe visible de lo que es puramente humano y material.

Una vez obtenida la victoria en los dominios invisibles donde ejercen su dominio los poderes de las tinieblas, el edificio de la herejía se desmoronará en el plano físico.

Parecería que el cristiano de nuestro día estuviera dándose cuenta, más y más, de la existencia de una fuerza puramente espiritual e invisible que la Biblia llama el poder de las tinieblas, que está determinado y resuelto a perturbarlo por medio de acusaciones, y que es implacable en sus esfuerzos por levantar dudas y temores.

La oración es el único recurso del cristiano. "Señor," exclamó el salmista, "*guarda mi vida del temor del enemigo*" (64:1), y en el Salmo 149 se menciona "el juicio escrito" que todos los creyentes han de ejecutar. "*Ahora es el juicio de este mundo*" dijo Jesús, nuestro Señor, al penetrar en *La Vía Dolorosa* que lo condujo al Calvario, "*ahora el príncipe de este mundo será echado fuera*" (Juan 12:31). "*Ahora ha venido la salvación, el poder, y el reino de nuestro Dios, y la autoridad de su Cristo; porque ha sido lanzado fuera el acusador de nuestros hermanos, el que los acusaba delante de nuestro Dios día y noche. Y ellos le han vencido por medio de la sangre del Cordero y de la palabra del testimonio de ellos, y menospreciaron sus vidas hasta la muerte. Por lo cual alegraos, cielos, y los que moráis en ellos*" (Apocalipsis 12:10-12).

12

Oraciones que han hecho historia

Del hecho de que cuando nosotros oramos Dios obra, da por sentado que la oración puede llegar a ser un asunto que sacuda a la nación, que haga historia, que se constituya en asunto mundial. "*Clama a mí, y yo te responderé, y te enseñaré cosas grandes y ocultas que tú no conoces*". No es que la oración sea tan poderosa en sí misma, sino que es Dios quien promete hacer cosas grandes y poderosas, si es que sus hijos quieren orar.

El Dios viviente, para quien nada es imposible porque es el Todopoderoso, puede cambiar el curso de la historia, transformar la vida de una nación y hacer que cesen las guerras, en respuesta a la oración. Las páginas de las Sagradas Escrituras dan abundantes evidencias de este hecho, puesto que en ellas tenemos la narración del pueblo escogido de Dios de la venida del Santo Hijo de Dios, el Mesías, el Redentor de la humanidad, y del nacimiento de la Iglesia con su movimiento de redención que abarca al mundo entero.

La historia de las misiones cristianas abunda en ejemplos de toda clase. Ni aun la llamada historia profana carece de pruebas del poder de la oración. Veamos unos pocos casos: Cuando Moisés oró durante cuarenta días en el monte santo, al cual regresó después que Israel cometió el pecado atroz de adorar el becerro de oro, leemos que el Señor le dijo, "*Déjame que los destruya*" (Deuteronomio 9:14). Moisés se asustó de la ira y el enojo de Dios (9:19), pero no se apartó de El. De ninguna manera. Libró una de las batallas de oración más poderosas de todos los tiempos. El gran legislador podría haberse retirado para descansar con la conciencia satisfecha de una gloria futura un tanto personal, puesto que el Señor Dios le había dicho, "*Yo te pondré sobre una nación fuerte y mucho más numerosa que ellos*" (Deuteronomio 9:14). Pero Moisés se mostró imperturbable. Su oración llegó a la cumbre majestuosa cuando dijo, "*Este pueblo ha cometido un gran pecado, porque se hicieron dioses de oro. Que perdones ahora su pecado, y si no, ráeme ahora de tu libro que has escrito*" (Éxodo 32:31,32), oración que nos recuerda la que pronunció el Señor en la cruz cuando rogó que sus verdugos fueran perdonados. No hemos de extrañarnos que Moisés triunfara. Por otra parte, el hecho de que su preocupación era la gloria de Dios aumentó el peso y el poder de la oración de Moisés. "*No sea que digan los de la tierra de donde nos sacaste: Por cuanto no pudo Jehová introducirlos en la tierra que les había prometido*" (Deuteronomio 9:28).

El resultado fue una poderosa victoria de la oración, una victoria como no se encuentra otra en las páginas del Antiguo Testamento, tan llenas de grandes oraciones, y en la que quedó determinado el destino de una nación. ¡Cuan verídico es el dicho que afirma que nuestras oraciones valen lo que valemos nosotros!

Moisés se jugó entero, jugó hasta su propia felicidad eterna, y se mantuvo en la brecha por causa de Israel. Tales oraciones no pueden ser negadas, aunque esté comprometido el futuro de una nación.

Tenemos también la gran oración que pronunció David cuando se produjo la revuelta de Absalón y el rey tuvo que huir precipitadamente y en forma vergonzosa. La causa del gran rey parecía perdida, puesto que el usurpador marchaba triunfalmente hacia Jerusalem, la capital de Israel, para sentarse en el trono. Pero el rey era un hombre de oración, como lo atestiguan los Salmos. Y en el Salmo tercero tenemos la oración angustiosa de David: "*¡Oh Jehová, cuánto se han multiplicado mis adversarios ! . . . Muchos son los que dicen de mí: no hay para él salvación en Dios . . . Mas tú, Jehová, eres escudo alrededor de mí; mi gloria, y el que levanta mi cabeza. Con mi voz clamé a Jehová, y él me respondió desde su monte santo. Yo me acosté y dormí, y desperté, porque Jehová me sustentaba. No temeré a diez millares de gente, que pusieren sitio contra mí . . . La salvación es de Jehová; sobre tu pueblo sea tu bendición*".

La victoria que más tarde se ganó en el campo de batalla, el fin trágico de Absalón y el restablecimiento subsiguiente del rey David en su trono, fue alcanzada primeramente en los dominios invisibles de la oración, cuando el rey que tipificaba al Mesías recibió la seguridad de que su clamor había sido oído. En realidad, el destino de reyes y naciones puede quedar determinado por las rodillas que se inclinan en la presencia de Dios, y en el clamor de súplica que llega hasta su trono.

Léase el libro del profeta Daniel y véase como sus oraciones sacudieron primero al gran Imperio Babilónico, y después al Medo-Persa. Daniel no temió el decreto del rey y rehusó adorar la imagen que en su honor había sido levantada. Desafió a los politiqueros complotadores que pretendían anularlo, puesto que era el Primer Ministro del Imperio. *"Cuando Daniel supo que el edicto había sido firmado, entró en su casa, y abiertas las ventanas de su cámara que daban hacia Jerusalén, se arrodillaba tres veces al día, y oraba y daba gracias delante de su Dios, como lo solía hacer antes"* (6:10). Tal desafío al decreto real atrajo sobre el profeta el castigo que estipulaba ese mismo decreto, porque los complotadores inmediatamente espiaron los pasos de Daniel para informar al soberano lo que hacía, y fue arrojado a la cueva de los leones.

No necesito entrar en mayores detalles de la victoria gloriosa que obtuvo el profeta Daniel. ¿Quién no sabe del ángel que tapó la boca de los leones, y del fin trágico y terrible que acaeció a los políticos perversos que trataron de acabar con la vida de Daniel? Lo que quiero significar es que el decreto real que apareció como consecuencia de la liberación que Dios había producido, debe haber sacudido los cimientos del imperio. *"Entonces el rey Darío escribió a todos los pueblos, naciones y lenguas que habitan en toda la tierra: Paz os sea multiplicada. De parte mía es puesta esta ordenanza: Que en todo el dominio de mi reino todos teman y tiemblen ante la presencia del Dios de Daniel; porque él es el Dios viviente y permanece por todos los siglos, y su reino no será jamás destruido, y su dominio perdurará hasta el fin. El salva y libra, y hace señales y maravillas en el cielo y en la tierra; él ha librado a Daniel del poder de los leones"* (Daniel 6:25-27).

La oración que Pablo pronunció a medianoche en la celda de más adentro de la prisión de Filipos, hizo historia. Fue uno de los momentos más decisivos de la historia del mundo, porque este hombre, el vaso escogido de Dios, era el heraldo principal del Cristianismo de la

Cruz. ¿Entraría a Europa con las buenas nuevas del Evangelio de Cristo, de acuerdo al llamado del hombre de Macedonia quien, en la visión que tuvo el apóstol Pablo le dijo, "*Pasa a Macedonia, y ayúdanos*"? Los poderes infernales dijeron ¡No!, y agregaron azotes y cepos y las paredes de una prisión oscura. "*Pero a medianoche, orando Pablo y Silas, cantaban himnos a Dios; y los presos los oían*" (Hechos 16:25).

Eso solucionó el problema. Pablo entraría triunfalmente en Europa para proclamar el mensaje de la cruz. Los fundamentos de la cárcel se sacudieron, y el carcelero vino a ellos gritando, "*Señores, ¿qué debo hacer para ser salvo?*" Las buenas nuevas del amor del Salvador fueron proclamadas, y la voz de este gran forjador de la historia, que puso los cimientos del orden cristiano en los grandes centros del Imperio Romano, fue oída en las ciudades estratégicas de Grecia, y más tarde de Europa. "*Invócame en el día de la angustia: te libraré, y tú me honrarás*" (Salmos 50:15).

La oración más grande de todas las edades de sufrimientos de la humanidad es la que pronunció el Hijo del hombre en el Jardín de Getsemaní. Allí se jugó el destino eterno de toda la raza humana, no de una nación solamente. Porque en ese grito amargo, "*Padre mío, si es posible, pase de mí esta copa*", existió la posibilidad de que, hablando humanamente, el abismo tragara a todos los hijos de los hombres en una noche de sufrimiento eterno porque el Salvador tenía las llaves del problema en su mano. El tenía que subir a la cruz. El tenía que ascender la colina del Calvario. El, que no conocía pecado, tenía que ser hecho pecado por nosotros, para que nosotros fuésemos hechos justicia de Dios en El.

No, no era el miedo a la muerte, como a veces la enfrentan los héroes. El tenía que llevar sobre sí la carga terrible del pecado del mundo. No hemos de extrañarnos que sudara sangre, que clamara angustiado y que buscara un poco de consuelo en la compañía de los apóstoles que dormían. Pero el Hijo del hombre emergió triunfante. Ganó la batalla. La raza humana, con toda su vergüenza, dolor y muerte, pudo así encontrar liberación, sí, el mismo cielo en la remisión de pecados y en la redención por medio de la sangre del Redentor crucificado, que lo incluye todo. Lo que estaba escrito de El, se cumplió. Nuestro Señor alcanzó la victoria por medio de la oración, victoria que pocas horas después selló en la cruz. Porque la esencia de esa oración tremenda, la más significativa de todas las edades, aparece en la frase, *"Empero no se haga mi voluntad, sino la tuya"*, y no en la otra que dice, *"Si es posible, pase de mí esta copa"*.

Pero no es sólo en las páginas de las Sagradas Escrituras que encontramos oraciones que han determinado el curso de la historia. Volvamos a la historia de la iglesia. Escojamos un caso entre los miles que abundan. No se podría encontrar una hora más crítica en la vida de la iglesia que aquella cuando el Conde Nicolás Luis von Zinzendorf comenzó a clamar al Señor, en Herrnhut, Alemania, en el año 1717.

Este hombre sintió agonizar su alma cuando contempló la situación en que se encontraban los creyentes protestantes de los diferentes movimientos evangélicos. Era época de persecución despiadada. Lutero había realizado su obra. Calvino había trabajado poderosamente. Hus era un recuerdo sagrado. Zwinglio había guiado a sus huestes. Pero existía confusión y todavía se derramaba la sangre de los mártires protestantes.

El Conde von Zinzendorf era un hombre de negocios que desde niño había sido un cristiano fervoroso, y decidió abrir las puertas de su gran estado para que los perseguidos evangélicos de Europa pudieran encontrar un refugio en medio de la tormenta. Los cristianos acudieron de lejos y de cerca —creyentes de todos los matices teológicos y de todas las agrupaciones.

Entonces comenzó la obra de Zinzendorf. El había esperado amor y comprensión, pero lo que oía era la voz de la controversia. La lucha sobre mil y un asuntos en los dominios de la doctrina y la conducta era enconada e incesante, y Zinzendorf deseaba ver unido al pueblo de Dios, tal como el Salvador había pedido, y que manifestara un fuego ardiente por las misiones.

En cuanto a misiones extranjeras, el protestantismo estaba muerto. Había consumido la vida en inacabables luchas teológicas. Zinzendorf deseaba ver cicatrizadas las heridas del cuerpo de Cristo. Quería verlo funcionar al paso de la orden de marcha, *"Id por todo el mundo y predicad el Evangelio"*. Von Zinzendorf pasó varias noches en oración. Otros se contagiaron del espíritu que lo animaba y se unieron a él, cumplimentando así lo que faltaba de las aflicciones de Cristo.

La respuesta llegó el 14 de agosto de 1717. Zinzendorf convocó un servicio de comunión al cual todos pudieran asistir, y fue al participar de los emblemas del cuerpo partido del Salvador que "el sol de la justicia surgió con sanidad en sus alas". La gloria que apareció fue más de lo que la carne pudo soportar, y los creyentes se encontraron postrados en la presencia de Dios. La cruz quedó revelada en su vasto significado. Cuando la congregación se incorporó, se había producido una transformación sin igual.

Desde ese momento Cristo era el todo en todos. Así fue cómo empezó el movimiento llamado Moravo. Durante diez años oraron las veinticuatro horas del día, por turnos. ¿Con qué resultado? Que en veinticinco años enviaron cien misioneros a todas las partes del globo terrestre. Estos moravos hicieron las veces de puntas de lanzas de un movimiento mundial en la predicación del Evangelio que transformó finalmente al Protestantismo de ser una polémica a ser obra misionera.

El gran siglo de las misiones modernas lo debe todo a Zinzendorf y a los moravos. Juan Wesley mismo, un hijo espiritual de los moravos, después de la gran experiencia que tuvo en la pequeña capilla de la calle Aldersgate, de Londres, fue a Herrnhut para observar lo que el Señor estaba haciendo. A los amigos que había dejado en Inglaterra les escribió: "He encontrado una iglesia en la que se respira la misma atmósfera del cielo". Si alguna vez las oraciones hicieron historia, fueron las del Conde von Zinzendorf. No hay más que observar las misiones modernas.

La historia profana tampoco carece de ejemplos de oraciones que fueron el factor decisivo en las grandes crisis que suelen producirse en el curso de los sucesos nacionales e internacionales. Dunquerque representa la hora más negra que tuvieron los Aliados durante la Segunda Guerra Mundial. Francia había caído y trescientos mil soldados ingleses huían hacia el Canal de la Mancha. Hitler se reía insolentemente. Sí, pronto quedaría quebrantada la espina dorsal del ejército inglés.

Humanamente hablando, los ingleses no tenían cómo escapar.

Fue entonces que el rey Jorge VI de Inglaterra decretó un día de oración en todo el Imperio Británico. Muchos de nosotros, que no somos subditos británicos, también oramos. ¡Qué día! Dios abrió los cielos y descendió. Dios arremangó su brazo poderoso y obró como solamente El sabe y puede hacerlo.

En el lado de las fuerzas alemanas se desencadenó una tormenta como nunca habían visto. Todos los aviones fueron abatidos. Los tanques quedaron enterrados en el barro. En medio de semejante tormenta ni un solo soldado alemán pudo moverse. En cambio, en el lado británico, el Canal de la Mancha parecía un espejo. Jamás sus aguas estuvieron más tranquilas. Miles de botes atravesaron el canal ese día de un modo febril. Hasta las mujeres ayudaron con pequeños lanchones. Ese día fueron salvados doscientos noventa mil soldados ingleses. Inglaterra nunca fue invadida.

¿Por qué? Porque Dios intervino en contestación a la oración, porque si alguna vez hubo una causa justa, entre los muchos conflictos que han empapado la tierra con sangre humana, y que el Señor que gobierna los cielos podía favorecer con justicia, era la de los Aliados en la Segunda Guerra Mundial. Según un artículo que apareció en el Officers Christian Union (La Unión Cristiana de Oficiales), al ver la forma maravillosa cómo la mano de Dios los había librado, los soldados ingleses, organizaron círculos de oración para dar gracias. Está escrito, *"Invócame en el día de la angustia: te libraré, y tú me honrarás"*. Señor, ¡enséñanos a orar!

13

Buenas razones

Parecería raro pensar que el Señor pudiera ser conmovido por un buen argumento. Uno se ríe ante la idea de que el Altísimo pudiera ser influenciado por un buen razonamiento; sin embargo es así. Y tenemos la Palabra de Dios de nuestra parte, si podemos expresarlo de ese modo. A Dios le agrada un buen argumento. En Isaías 41:21 leemos, *"Alegad por vuestra causa, dice Jehová; presentad vuestras pruebas"*, o sea dicho en otra forma, "Venid, discutid conmigo. ¿Para qué me pedís?"

Esta afirmación no debe escandalizarnos. Cuando lo pensamos bien, vemos que está en un todo de acuerdo con el orden divino. Dios nos creó de acuerdo a su propia imagen, esto es, como seres racionales, y solamente los procedimientos razonables pueden agradar al Señor. Erramos totalmente cuando creemos que la emoción es el gran fundamento de la oración.

Por supuesto, las lágrimas tienen su lugar, porque el mismo Salvador ofreció oraciones y súplicas con gran clamor y lágrimas y fue oído, como se nos dice en Hebreos 5:7. La emoción tiene su lugar, pero las oraciones de los profetas, apóstoles y grandes hombres de Dios que narran las Sagradas Escrituras, indican más bien, el hecho de que el buen razonamiento es el terreno seguro, la base inconmovible y necesaria para presentarnos delante del Señor y prevalecer en la oración.

Huelga decir que el argumento más sólido que puede encontrar el intercesor que busca ser oído por Dios, lo descubre en el santo nombre de Jesús. Si clavamos nuestras oraciones en la cruz del Salvador, donde quedó sellada la unión entre Dios y el ser humano, tenemos la razón más poderosa que le es posible esgrimir al pecador delante de su Padre celestial. *"De cierto, de cierto os digo, que todo cuanto pidiereis al Padre en mi nombre, os lo dará. . . .pedid, y recibiréis, para que vuestro gozo sea cumplido".* (Juan 16:23,24). Lo que abre la puerta es el nombre de Jesús, que es el nombre que está por encima de todo nombre.

Cuando yo alego la muerte expiatoria de mi Redentor, que llevó mis pecados en su cuerpo sobre el madero de la cruz, no tengo ninguna dificultad en ser escuchado por Dios; sé ciertísimamente que no se me negará una audiencia con mi Rey. *"Alegad por vuestra causa, dice Jehová; presentad vuestras pruebas dice el Rey"* (Isaías 41:21). Nadie puede encontrar jamás una razón más sólida y más poderosa que la del nombre de Jesús.

Desde esta altura descendemos a argumentos de menor cuantía, que son legión. Los intercesores que encontramos en las Escrituras apelaron a razones de variada índole, todas válidas y de gran peso, y con ellas reforzaron la eficacia y el poder de sus súplicas al presentar sus peticiones delante del Señor.

Cuando Moisés oró por Israel con motivo de su gran pecado por haber hecho y adorado al becerro de oro, clamando perdón por su pueblo dijo, *"Recuerda a tus siervos Abraham, Isaac y Jacob"*. Cuando Sansón oró en el templo pidiendo fuerza, una vez que hubo sido rapado debido al desatino que cometió, dijo: *"Señor Jehová, acuérdate ahora de mí ... para que de una vez tome venganza de los Filisteos, por mis dos ojos"*, y su oración fue escuchada.

Cuando Ezequías oró por la liberación con motivo de la invasión de Sennacherib, rey de Asiría, cuando todo daba a entender que Jerusalem sería tomada, señaló la blasfemia del general del rey de Asiría, y dijo: *"Ahora, pues, oh Jehová Dios nuestro, sálvanos, te ruego, de su mano, para que sepan todos los reinos de la tierra que sólo tú, Jehová, eres Dios"* (2 Reyes 19:19). Ezequías se plantó sobre tierra firme, presentó su causa, adujo buenas razones, y fue escuchado.

El resultado fue una liberación gloriosa y sobrenatural. *"Y Jehová envió un ángel, el cual destruyó a todo valiente y esforzado, y a los jefes y capitanes en el campamento del rey de Asiria"* (2 Crónicas 32:21) ; y en 2 Reyes 19:35 encontramos mayores detalles de lo que sucedió: *"Y aconteció que aquella misma noche salió el ángel de Jehová, y mató en el campamento de los asirios a ciento ochenta y cinco mil; y cuando se levantaron por la mañana, he aquí que todo era cuerpos de muertos"*.

 Cuando Daniel puso el rostro hacia el Señor su Dios, como él mismo dice, *"buscándole en oración y ruego, en ayuno, cilicio, y ceniza"* (9:3), para pedirle que librara a su pueblo que soportaba los rigores de un juicio divino a través del cautiverio babilónico, debido a su idolatría y pecado, lo hizo basado en una promesa que descubrió en el libro de Jeremías, según la cual la desolación de Jerusalem duraría setenta años. Y el tiempo estaba por cumplirse.

Por eso, mientras Daniel meditaba sobre esa promesa, una gran esperanza sacudió las entrañas de su alma en favor del pueblo que sufría. Alistó su mente, se humilló y aferró de Dios, confesó los pecados del pueblo, y exclamó: "*Oh Señor, según todas tus justicias, apártese ahora tu ira y tu furor de sobre tu ciudad Jerusalem, tu santo monte*". ¡Ah, qué peso sintió Daniel sobre el alma al contemplar la vergüenza, la desolación, sí, la maldición que había sido echada sobre su pueblo, el escogido por Dios para que realizara la esperanza mesiánica! Desde el punto de vista humano no aparecía ninguna estrella en la noche de la vergüenza de Israel.

Pero el profeta había encontrado una promesa específica, bien perfilada, que Dios revelara a Jeremías, de que al fin de los setenta años de reproche y castigo, Israel sería restaurado. Eso era suficiente. El Señor no podía dejar de cumplir su palabra.

Allí tenía Daniel una razón poderosa. Allí podía pisar tierra firme sobre la cual orar. Armado con tal promesa, Daniel oró hasta obtener la victoria. Un ángel vino para confortarlo. Israel fue restaurado. El Príncipe Mesías vino. Consumó su obra en el Calvario. Daniel lo vio todo en una visión, cómo al Mesías le sería quitada la vida, y no por sí, tal como dice en Daniel 9:26.

Decíamos que el Señor nos invita a presentar buenas razones cuando vamos a El en oración. Nuestra causa tiene que estar bien fundamentada. ¿Contamos con buenos argumentos? ¿Tenemos razones sólidas, dignas de la consideración de un Dios tan santo y justo? Para que Dios actúe, tienen que existir causas que influyan en su gobierno bien administrado, basado sobre un orden moral tan elevado que está fuera del alcance del hombre, y tienen que ser de tal naturaleza que merezcan la intervención del Padre de las luces.

Tal causa tiene que ser una promesa que Él haya hecho. La confianza se despierta y la seguridad se recibe cuando encontramos en las Sagradas Escrituras la promesa que cuadra a nuestra necesidad. El Salmo 50:15 cubre toda la gama del sufrimiento humano, porque dice, *"Invócame en el día de la angustia: te libraré, y tú me honrarás"*. Cuando aceptamos la condición que apareja la promesa y decimos, "Por tu gracia, yo prometo glorificarte", nuestra oración cobra una eficacia que no puede ser contradicha.

Como ya lo hemos dicho, la Biblia ha sido llamada un texto de oración. En ella encontramos las leyes de la oración, y en ella leemos acerca de los poderosos hombres de Dios que alcanzaron éxitos de significación inconmensurable, por medio de la oración. Y cuando estudiamos las grandes oraciones de la Biblia, descubrimos que todas ellas obedecen al gran principio que llamamos "la ley del buen argumento o de la buena razón". Si sólo conseguimos colocar los pies sobre terreno sólido, en cualquier caso que sea, tenemos más que ganada la mitad de la batalla.

Por la lectura de los Evangelios sabemos que cuando el Señor sanaba a los enfermos, limpiaba a los leprosos, abría los ojos de los ciegos y resucitaba muertos, la exposición de las necesidades y el dolor del ser humano ante la mirada del Altísimo, y el simple pedido de ayuda, eran de gran significado. Semejante clamor nunca dejó de ser escuchado.

Cuando la pena y la necesidad del ser humano son presentadas ante quien gobierna el universo, y quien, cuando lo vemos en el rostro de Jesucristo, es infinitamente bueno y misericordioso sin tasa ni medida, tienen que causar un efecto glorioso. Y sin embargo, muy a menudo el dolor sigue imperturbable frente a la oración sincera por ayuda, como vemos en el caso de la oración no contestada del apóstol Pablo, aunque fue contestada en un plano superior al que él había pensado, porque los altos fines que el Padre celestial dispone para el hombre se alcanzan solamente a través de la prueba y la disciplina.

Si en nuestra súplica por ayuda en medio de las vicisitudes de la vida, recordamos los altos propósitos de Dios, vale decir que su nombre sea glorificado, entonces nos moveremos sobre un terreno que no puede ser conmovido. Entonces somos invencibles. Si a todo esto encontramos el modo de atar nuestra pequeña súplica por ayuda a los grandes propósitos de Dios en la proclamación del Evangelio y en el adelanto del Reino de Dios, entonces habremos comenzado a orar con el espíritu y el vigor de un Pablo, de un David Brainerd, de un Jorge Müller o de un Juan Hyde, seremos oídos y grandes cosas serán hechas. *"Cuando hubieron orado [los apóstoles], el lugar en que estaban congregados tembló; y todos fueron llenos del Espíritu Santo, y hablaban con denuedo la palabra de Dios"* (Hechos 4:31).

14

Si dos de vosotros se convinieren

En realidad la declaración que el Señor formula en Mateo 18:19, lo deja a uno sin aliento. *"Si dos de vosotros se pusieren de acuerdo en la tierra acerca de cualquiera cosa que pidieren, les será hecho por mi Padre que está en los cielos"*. El Señor da a entender que no existe límite al poder de esta clase de oración. La pregunta que surge naturalmente es, "¿Por qué?" Y la respuesta nos lleva a las profundidades del misterio de la Iglesia en unión con su Cabeza divina, y de la unión, en el pensamiento de Dios, que debe prevalecer en quienes forman el cuerpo de Cristo, que es la Iglesia.

El acuerdo que el Señor tiene en su pensamiento es algo que no puede ser efectuado por ningún agente humano. Va más hondo que los lazos de raza, de casta, de familia o cualquier otro vínculo que ate a corazones humanos. Es el fruto de una unión común con Cristo.

La unión que existe entre dos personas que pertenecen al Señor y están poseídas por el Espíritu Santo, es de tal naturaleza que el Salvador la asemeja a la unión que existe entre El y su Padre, cuando dice: *"Yo en ellos, y tú en mí, para que sean perfectos en unidad, para que el mundo conozca que tú me enviaste, y que los has amado a ellos como también a mí me has amado"* (Juan 17:23). Donde se efectúa tal fusión de espíritus, Cristo mismo se halla presente, como lo afirma en el versículo siguiente del pasaje de Mateo: *"Porque donde están dos o tres congregados en mi nombre, allí estoy yo en medio de ellos"* (18:20).

Ahora bien: de todo esto se sigue como consecuencia lógica e inevitable que, cuando existe tal vínculo, donde dos personas por medio de su Espíritu son una con el Señor Jesucristo quien es la Cabeza de la Iglesia, es imposible que exista el tipo equivocado de oración que incluye solamente aspiraciones humanas de una naturaleza más o menos egoísta.

La unión, tal cual la menciona la Sagrada Escritura, puede existir solamente donde y cuando Dios es supremo como el eslabón invisible pero real, real como nada más en el universo es real, y donde se pierden de vista todos los motivos de menor cuantía en un deseo que todo lo consume, para que El sea glorificado. Salta a la vista que la oración que cuenta con semejante base y motivación tiene un alcance y un poder que no pueden ser medidos. Es tal cual lo afirmó el Señor Jesús cuando dijo: *"Si dos de vosotros se convinieren en la tierra, de toda cosa que pidieren, les será hecho por mi Padre que está en los cielos"*.

Uno solo no puede hacer esta clase de oración ni alcanzar semejantes resultados, por grande que sea su estatura espiritual. Para que esté representado el cuerpo, es decir toda la iglesia, tiene que haber por lo menos dos personas. Por supuesto, existe un poder aumentativo que se expande a medida que aumenta el número. Pero a medida que aumentan el número y el poder, también aumentan las dificultades para alcanzar la unidad que el Salvador postuló.

¡Oh! si la Iglesia pudiera comprender lo que está a su alcance en los dominios de la intercesión colectiva para conseguir la redención de las almas y el establecimiento del Reino de Dios, es indudable que ella estaría dispuesta tal como leemos en Gálatas 5: 24, a 'crucificar la carne', con todos sus propósitos de luchas y facciones, y mostrarse en esa unidad que se consigue tan pronto como el Espíritu Santo controla y domina ampliamente todas las cosas.

La ilustración bíblica clásica del poder de la oración, tal como emana de esta fuente, se halla en el capítulo doce del libro de los Hechos de los Apóstoles, donde se nos narra la prisión de Pedro en Jerusalem. El rey Herodes había hecho matar a Santiago, el hermano de Juan, y en seguida hizo tomar preso a Pedro. ¡Qué hora aquella para la pequeña iglesia, rodeada por fuerzas despiadadas que estaban dispuestas a destruirla!

Las palabras del Nuevo Testamento son bien gráficas: *"Así que Pedro estaba custodiado en la cárcel; pero la iglesia hacía sin cesar oración a Dios por él"*. ¿Hemos de extrañarnos que se produjera el milagro poderoso? (Y empleo la palabra con toda intención.) Copiamos todo el pasaje tal como aparece en Hechos 12 :7-10:

"Y he aquí que se presentó un ángel del Señor, y una luz resplandeció en la cárcel; y tocando a Pedro en el costado, le despertó, diciendo: Levántate pronto. Y las cadenas se le cayeron de las manos. Le dijo el ángel: Cíñete, y átate las sandalias. Y lo hizo así. Y le dijo: Envuélvete en tu manto, y sígueme.

Y saliendo, le seguía; pero no sabía que era verdad lo que hacía el ángel, sino que pensaba que veía una visión.

Habiendo pasado la primera y la segunda guardia, llegaron a la puerta de hierro que daba a la ciudad, la cual se les abrió por sí misma; y salidos, pasaron una calle, y luego el ángel se apartó de él".

La clase de oración que consiguió estos resultados es casi imposible de obtener, dado lo que es la naturaleza humana. "La carne" es fuerte y, como podemos leer en Gálatas 5, sus obras son divisiones, odios, diferencias y luchas. Sin embargo, cuando la Cruz es aplicada a la ciudadela del corazón, donde está entronizado secretamente el orgullo, y se produce una crucifixión completa del "yo egoísta," la unión de espíritus se efectúa de un modo natural, y la oración, de esta forma invencible, se convierte en una estupenda realidad.

Esto lo he visto en Colombia, donde los cristianos han pasando por el fuego de la persecución, donde sus casas y templos han sido quemados, y los creyentes llevados a la muerte. Tal experiencia funde a todos los espíritus en uno. Así sucedió en Jerusalem cuando la iglesia oraba sin cesar a favor de Pedro que estaba encadenado, esperando ser ejecutado.

Para la celebración del primer centenario de la llegada del Evangelio a Colombia, se habían organizado grandes reuniones en las ciudades principales. La Iglesia se movió como una sola pieza, a través de sus diferentes denominaciones, grupos independientes y misiones de tal o cual "persuasión." ¡Fue algo imposible de describir! Todo se pareció a una gran orquesta dirigida por un solo Director, dentro de la más completa armonía.

Los resultados fueron exactamente lo que el Salvador dice acerca de la oración cuando los cristianos son unidos por el Espíritu Santo. Las oraciones fueron contestadas en una forma tan asombrosa, que los días pasaron como una cadena interminable de victorias. Solamente en un lugar hubo una pedrea, pero sin consecuencias mayores para nadie.

Dios realizó lo imposible. Las grandes celebraciones con campañas de evangelización, coros unidos que cantaban las alabanzas al Señor, y retiros bíblicos se celebraron sin mayores tropiezos, todo en un espíritu de victoria y gozo indescriptibles.

Hace algunos años un colega misionero y yo trabajamos entre los soldados de mi patria adoptiva, predicando el Evangelio. Esta obra siguió unos cinco años dentro y fuera de los cuarteles y por los caminos de la nación, que en aquellos tiempos estaban custodiados por soldados. La experiencia recogida en el terreno de la oración equivalió a una fortuna millonaria, por así decirlo.

Mi compañero misionero y yo estábamos identificados tan perfectamente en un espíritu que no teníamos más que pedir al Señor, y nos era concedido. Vivíamos en un mundo de milagros como los del libro de los Hechos de los Apóstoles. Nada nos detenía. No teníamos más que pedir, repito, y lo teníamos. Las dificultades que surgían de lo que es meramente humano, no tenían ningún significado. ¿No había dicho el Salvador, *"Si dos de vosotros se pusieren de acuerdo en la tierra acerca de cualquiera cosa que pidieren, les será hecho por mi Padre que está en los cielos"*? El lo dijo, y eso bastaba; y a medida que orábamos y creíamos, constatábamos que la promesa era verdad.

Guerrero cristiano que estás descorazonado, ¡busca un compañero de oración con quien puedas mostrarte perfectamente natural, uno con quien puedas estar en perfecto espíritu de unidad en un mismo Salvador, y entra junto con él en una gloriosa aventura de oración! Si no puedes encontrar ese compañero de oración, pide al Señor que El te lo proporcione. Será hecho. Se abrirá para ti un nuevo día de tal gloria y hermosura como jamás has soñado que se pueda vivir de este lado del cielo.

"Mas a media noche Pablo y Silas oraban". ¿Te extraña que un terremoto sacudiera la cárcel donde estaban confinados? ¿Te extraña que esa misma noche Pablo y Silas, libres de los cepos, pudieran llevar al carcelero al conocimiento de Cristo? No, no nos extrañaremos si recordamos las palabras del Salvador, *"Y otra vez os digo, si dos de vosotros se pusieren de acuerdo en la tierra acerca de cualquiera cosa que pidieren, les será hecho por mi Padre que está en los cielos"*.

El misionero se halla en una posición peculiar de inacabables oportunidades para demostrar el poder de la oración. Hace algunos años que en esta tierra a la cual mi corazón está ligado con vínculos que están forjados en la propagación del Evangelio de Cristo, llegó el comunismo como una tromba que amenazó derribar el antiguo orden establecido y apoderarse del país. La educación fue modificada sobre la base del ateísmo; noche tras noche las estaciones de radio vomitaban blasfemias sobre todo el país; una tensión terrible se había apoderado de todos los corazones, y el temor cundió por todas partes con efectos paralizantes.

Un grupo de pastores y misioneros nos reunimos para ver qué se podía hacer, y la conclusión fue que la única esperanza era la intervención divina. ¿No había dicho el Señor, *"Invócame en el día de la angustia, y te libraré"*? Resolvieron reunirse cada mañana a las seis y media para orar, y continuar hasta que llegara la liberación.

Las semanas y los meses pasaron mientras ellos se mantenían firmes en la oración. Ni una sola mañana dejaron de reunirse los guerreros de la oración. Sabían que se encontraban en medio de un conflicto poderoso con los poderes de las tinieblas, que estaban luchando con principados y poderes espirituales, no con sangre y carne, y aunque ellos representaban denominaciones diferentes, toda idea de sectarismo había desaparecido. En la tremenda hora de la crisis, eran absolutamente uno en Cristo.

Una gran pasión los consumía a todos. Durante seis meses y en las primeras horas de cada mañana bombardearon el cielo con súplicas y lágrimas incesantes. No fueron reuniones formales de oración. Los pastores y los misioneros estuvieron sobre el rostro en la presencia de Dios suplicando la promesa y reclamando la victoria en el nombre de Jesús.

Y entonces una buena mañana, después de gemir y suplicar en el Espíritu ante el trono de la gracia, uno de los pastores entró a la reunión llevando el periódico de ese día en la mano. Allí estaba la respuesta. El presidente de la nación se había librado de "los rojos" que tenía en su gabinete, y había dado una media vuelta. Se había disipado la negra nube que ensombrecía al país. El Sol de la Justicia apareció trayendo salvación en sus alas. La espina dorsal del monstruo había sido quebrada. Dios descubrió su brazo fuerte y consiguió una gloriosa victoria. El temor desapareció. El gozo corrió como un río arrollador que llevó todo por delante. Hubo alegría como en los días de la reina Ester. Poco tiempo después, me sentí hondamente conmovido mientras escuchaba una estación de radio local. Irradiaba un villancico que dice, "Señor Jesús, te amo mientras yaces dormido en un pesebre". Los años han transcurrido y no hay señales de que el monstruo vuelva al poder. Si estamos dispuestos a ponernos de acuerdo según la promesa del Salvador, entonces no existen límites para el poder de la oración.

15

El por qué de la oración no contestada

Al primer golpe de vista parecería completamente fuera de orden, si no contrario a toda razón, concluir esta serie de meditaciones sobre la oración en una nota negativa. ¿Por qué presentar ahora este problema, después de haber expuesto las afirmaciones victoriosas relacionadas con la potencia de la oración, y de la seguridad absoluta, basadas en la Palabra de Dios, de que el oído del Altísimo, cuyo cuidado amoroso siempre rodea a sus hijos, nunca deja de escuchar sus súplicas?

¿Por qué abrir ahora las puertas de la duda que con tanto empeño tratamos antes de desterrar? La respuesta es breve y precisa: porque tenemos que ser honestos. Tenemos que ser intérpretes fieles de la Palabra de Dios. Tenemos que ser veraces con la experiencia. ¿Quién que sea un verdadero seguidor del Señor Jesucristo no ha experimentado la pena, sí, la agonía que produce la oración no contestada? Porque del mismo modo que en las páginas de las Sagradas Escrituras abundan los ejemplos de oraciones contestadas, así también contienen pruebas abundantes de oraciones no contestadas.

Y al examinar con devoción reverente esos ejemplos bíblicos de derrotas, y tomar en consideración la enseñanza sencilla de las Escrituras en cuanto al por qué de la oración no contestada, encontramos que este lado del asunto, al parecer negativo, se halla atestado de mucho significado, y es virtualmente, una mina de oro que sólo se encuentra en los tesoros de Dios, y está a la disposición del cristiano, Todo lo cual quiere decir que es preciso subrayar este énfasis negativo para hacer resaltar aún más el positivo.

Al penetrar en el por qué de la oración no contestada, nos vemos obligados a encabezar la lista con un factor sumamente desagradable, el que, como los pobres a los cuales se refirió el Salvador, siempre lo tenemos con nosotros en una u otra forma. Nos referimos a ese factor horrible que la Biblia llama pecado, y que el mundo tiene tanto afán en disfrazar y dar otros nombres.

El pecado destruye las bases de la oración, y como su poder es tan grande, la torna ineficaz. En las páginas de las Escrituras muy a menudo tropezamos con palabras semejantes a éstas: *"Vuestro pecado se ha interpuesto entre vosotros y mí, y debido a vuestro pecado, yo no os escucharé"*. Es probable que la acusación más severa esté en el libro de Proverbios, donde el Señor dice con toda franqueza:

"Por cuanto llamé, y no quisisteis oír, extendí mi mano, y no hubo quien atendiese, sino que desechasteis todo consejo mío y mi represión no quisisteis, también yo me reiré en vuestra calamidad, y me burlaré cuando os viniere lo que teméis; cuando viniere como una destrucción lo que teméis, y vuestra calamidad llegare como un torbellino; cuando sobre vosotros viniere tribulación y angustia.

Entonces me llamarán, y no responderé; me buscarán de mañana, y no me hallarán. Por cuanto aborrecieron la sabiduría, y no escogieron el temor de Jehová, ni quisieron mi consejo, y menospreciaron toda represión mía, comerán del fruto de su camino, y serán hastiados de sus propios consejos. Porque el desvío de los ignorantes los matará, la prosperidad de los necios los echará a perder" (Proverbios 1:24-32).

El salmista comprendió muy bien semejante situación, y dio su cordial "amén" cuando dijo: *"Si en mi corazón hubiese yo mirado a la iniquidad, el Señor no me habría escuchado. Mas ciertamente me escuchó Dios; atendió a la voz de mi súplica. Bendito sea Dios, que no echó de sí mi oración, ni de mí su misericordia"* (66:18-20).

Es probable que el ejemplo más conmovedor en toda la Escritura sea el de David tirado sobre el suelo frío, toda la noche, clamando por la salud de su hijito enfermo. Pero el bebé murió. La oración de David no fue escuchada, porque David había cometido un pecado abominable. Tenía las manos manchadas con la sangre de un soldado fiel, cuya esposa el rey había robado y cuyo hogar había destrozado.

David tenía que confesar su pecado primero, arrepentirse en saco y en ceniza, y entonces sería escuchado y sus oraciones serían contestadas gloriosamente como en los días de su juventud cuando su corazón estaba bien con Dios.

Por eso extraemos de esta mina profunda que hemos llamado "la oración no contestada", una lección preciosa que, aprendiéndola, nos conducirá a las vetas escondidas de oro de la vida misma de Dios. ¿Está debilitada mi vida de oración, y mis suplicas más fervientes no aparejan los resultados deseados, debido a alguna práctica pecaminosa? ¿Son agraviantes a los ojos de Dios esas prácticas dudosas de mi vida? ¿Son estas las razones de mis tantas derrotas? ¿Acaso me habré negado a romper incondicionalmente con el pecado, tal como se exige de mí en el capítulo 6 de Romanos, donde se me dice que debo considerarme como muerto al pecado para que pueda vivir para Dios por medio de Jesucristo, el Señor?

¿No será esta la explicación que tanto tiempo he buscado de mis vergonzosos fracasos cuando he hablado al Señor en oración, y no he alcanzado hasta ahora los éxitos que otros poderosos en la oración han logrado, y que una pléyade de promesas bíblicas me dicen que deberían ser míos también?

Las oraciones no contestadas indican, además, que existen propósitos humanos que chocan con los de Dios. La función más elevada de la oración es la de conseguir que nuestros pasos marchen juntos con los del Dios altísimo. Si primero no nos colocamos en línea con la obra de los más santos y benditos propósitos de Dios, no podemos tener éxitos en el ámbito de los deseos personales.

El clamor de Pablo expresado en la hora de su conversión, *"Señor, ¿qué quieres que haga?"* fue la base de una vida que, grande en muchas cosas, era poderosa en la oración. El objeto de la oración no es conseguir que el poder y la riqueza del Señor se pongan al servicio de nuestro capricho personal.

Si hay pensamiento que los capítulos de este libro han tratado de emplear como fundamento de este gran tema, es el de que la oración no es lo que debe ser ni cumple su cometido, a no ser que esté basada sobre la cruz de Cristo, y eso que hemos dicho que es la fuerza más grande del universo. Es solamente cuando puedo decir con Pablo, *"Con Cristo estoy juntamente crucificado, y vivo, no ya yo, mas vive Cristo en mí"*, que encuentro la base firme para mi vida de oración.

Todos los grandes intercesores de la Biblia marcharon en la dirección del cumplimiento de los propósitos eternos de Dios. Hasta el Salvador, y nadie como El, tuvo que respetar esta ley, *"No puede el Hijo hacer nada por sí mismo, sino lo que ve hacer al Padre; porque todo lo que el Padre hace, también lo hace el Hijo igualmente"* (Juan 5:19). Este fue el principio que reguló su vida. En una sola ocasión dijo, *"Si es posible, pase de mí esta copa"*, y eso fue cuando tuvo que ser hecho maldición para quedar identificado con el pecado del mundo. Sí, la oración verdadera dice, *"No se haga mi voluntad, sino la tuya, Señor"*.

Si sólo permitiéramos que Dios sea Dios, no tendríamos mucho que pedir; pues eso significaría el control divino y soberano de nuestra vida y la dirección de todos nuestros asuntos e intereses, tal como sucedió en la vida de Jesús, el Hijo del hombre. Nuestro barquichuelo se vería llevado por el gran río de la vida que procede del trono de Dios, y experimentaríamos una fruición tal como la que Pablo tenía en su pensamiento cuando escribió, *"Todo es vuestro; y vosotros de Cristo"*. Es indudable que el salmista pensaba esto cuando exclamó, *"Deléitate asimismo en Jehová, y él te concederá las peticiones de tu corazón"* (Salmos 37:4).

Cuando comenzamos a movernos en la dirección de "nuestra propia voluntad," que en sí es la declaración de independencia en lo que se refiere a la sabiduría de Dios en nuestra esfera humana, comenzamos a descubrir una una gran diferencia entre nuestros pobres éxitos en el dominio de la oración, y lo que representan las promesas de Dios.

Y así es como llegamos a la segunda lección que hemos de extraer del tesoro oculto de la oración no contestada. El fracaso en la oración debería ayudarme a comprender que no he estado quieto para escuchar la voz de Dios. El desea hablar y mostrarme lo que hace. El quiere hacer todas las cosas para mí, usando el lenguaje del salmista, pero resulta que yo me muevo y actúo en un mundo que yo mismo me he creado, en el que el "yo" es el rey y soberano.

Me he preocupado únicamente de mis propios asuntos. Pueden ser buenos; hasta pueden ser los asuntos de la iglesia y de las misiones, pero no he permitido a Cristo llevar la carga y hacerse cargo del timón de mi vida. Y cuando El es el Alfa y la Omega, el Alma de la propia alma, la Vida de la propia vida, el Principio y el Fin de los propios sueños, y su gloria es la pasión que nos consume, entonces la oración se transforma en algo tan natural como la respiración, y los resultados son tan estupendos como las promesas de Dios y conmensurables con las declaraciones de las Sagradas Escrituras.

La oración no contestada nos conduce también al descubrimiento de que, muy a menudo, Dios quiere darnos algo grande cuando nosotros hemos estado pidiendo algo pequeño. La ilustración clásica es la oración de Pablo que se encuentra en la segunda Epístola a los Corintios, capítulo 12, a la cual ya nos hemos referido. El apóstol estaba enfermo y por tres veces pidió al Señor que le quitara el aguijón, que él llama un mensajero de Satanás para abofetearle (12:8).

Pero ese aguijón, cualquiera haya sido su naturaleza, (y se han expresado muchas opiniones al respecto, que han ido desde la oftalmía hasta la epilepsia) estaba cumpliendo una mi-sión significativa en la economía divina. Pablo, el más grande de los apóstoles, el vaso escogido para llevar a los reyes y gentiles el nombre que es sobre todo nombre, el forjador más grande de la historia, tenía que ser completamente anonadado para que Cristo fuera el todo en todo.

Pablo tenía que ser el grano de trigo que cae en la tierra, que debe morir así como murió su Señor y Salvador. Pablo tenía que ejemplificar la cruz en la cual tanto se gloriaba, y cuyas implicaciones predicó con tanto valor, vale decir, experimentar la crucifixión con Cristo como la única salida del pecado y el secreto de la victoria cristiana. El tenía que poder decir y saber las profundidades más hondas de tal posición como, *"Con Cristo estoy juntamente crucificado, y vivo, no ya yo, mas vive Cristo en mí"*. Pablo tenía que comprender como ningún otro en la gran sucesión de santos que *"nosotros que vivimos, siempre estamos entregados a muerte por causa de Jesús, para que también la vida de Jesús se manifieste en nuestra carne mortal"*.

De aquí el aguijón en la carne de Pablo que la oración no lo quitó. Las súplicas no trajeron el alivio deseado. Pero esto no es todo. ¿No nos parece dulce la voz del Salvador cuando dice a su afligido siervo, *"Bástate mi gracia; porque mi poder se perfecciona en la debilidad"*? Se me ocurre que es como si le hubiera dicho, "Pablo, los grandes propósitos para el avance del reino de Dios que tienen que llevarse a cabo por tu intermedio, no pueden cumplirse de otra manera.

El aguijón es necesario para quebrar el poder de lo natural, de modo que tu fuerza pueda ser ese poder que se manifestó en la resurrección de nuestro Señor, y para que tú puedas extraer, momento tras momento, del gran tesoro de la vida divina". Sin duda fue entonces que Pablo contempló la cruz y la tumba vacía bajo una nueva luz, y no volvió a orar más para que Dios quitara su aguijón.

Se reconcilió totalmente con su dolor y declaró que se gloriaría en su enfermedad para que el poder de Cristo pudiese estar en él. ¡Qué riqueza de luz arroja esta nueva posición sobre el misterio de la oración no contestada! Nosotros pedimos una moneda, y el Señor quiere darnos un millón de un orden infinitamente superior.

La teología de la oración no contestada nos lleva también a considerar el hecho de que muy a menudo no estamos en condiciones para orar. No podemos comprender por qué las puertas del cielo parecen de bronce y nuestra oración sincera parece diluirse en el espacio, y la razón hay que buscarla en nuestro estado intranquilo, excitado e inquieto. Estamos apurados; corremos de aquí para allá; estamos ansiosos por mil cosas. Estamos nerviosos por esto y por aquello. Estamos descontentos y en nuestras relaciones con la gente pasamos de una emoción a otra.

Oramos intensamente a medida que las situaciones se suceden y nos sentimos heridos y pensamos que Dios anda buscando faltas y parece no tener interés en nosotros, ni escucha nuestras oraciones. Criticamos sus providencias y albergamos dudas secretas acerca de su amor.

Tenemos que cambiar nuestra actitud. Tenemos que llegar a un estado de descanso. El salmista comprendió muy bien esta situación, y en el Salmo 37:7 y 8 nos alcanza la llave de ella cuando dice, *"Guarda silencio ante*

Jehová, y espera en él. No te alteres con motivo del que prospera en su camino . . . Deja la ira, y desecha el enojo; No te excites en manera alguna a hacer lo malo". El salmista había escuchado decir al Señor, *"Estad quietos y conoced que yo soy Dios".*

Nuestro amante Padre celestial no puede manifestarse ni hacer las grandes y poderosas cosas que quiere hacer por nosotros, hasta que no nos encontremos en una situación descansada delante de El. Y la cruz tiene esta santa y elevada función. Esa inquieta, perturbada, excitada y nerviosa "vida-del-yo", que nunca llega a realizar lo que desea y que nos impide llevar el paso con Dios, en la economía divina fue crucificada juntamente con Cristo.

Hemos sido resucitados con El y sentados con El en lugares celestiales y a ellos tenemos que penetrar por medio de la fe. Cuando lo hacemos, cuando aprendemos a descansar en el Señor y permitimos que El nos guíe, nuestras oraciones se convierten en una cadena de milagros que nunca tiene fin, porque siempre vencemos con el poder del Espíritu de Dios, y nos sentiremos mudos en la presencia del Altísimo, adorando y alabando con reverencia y asombro inconmensurables. Nos pasará como aconteció a aquellos de quienes el Señor dijo, *". . . antes que clamen, responderé yo"* (Isaías 65:24).

El por qué de la oración no contestada nos lleva a otro pensamiento. Podría ser que Dios quisiera conducirnos a sí mismo, como en el caso de Job. Job tenía que ser despojado, desnudado, guiado hasta el fin de la cuerda de su propia vida, por decirlo así. Tenía que morir antes que pudiera decir, *"De oídas te había oído, mas ahora mis ojos te ven. Por tanto me aborrezco, y me arrepiento en polvo y ceniza"* (Job 42:5,6).

Pero no fue hasta que Job dejó de orar por sí mismo y se entregó a orar por sus amigos, (por esos "amigos" que lo habían atormentado con sus insinuaciones de que todos los males que le acontecían eran el resultado de algún pecado secreto que tenía que "confesar", y que entonces todo resultaría bien) no fue, decimos, hasta que Job se despojó totalmente de sí mismo orando por quienes tanto lo habían ultrajado. Entonces el Señor cambió las cosas y la situación (42:10).

Nosotros oramos por muchas cosas, todas más o menos buenas, pero Dios quiere darnos lo máximo, es decir, a sí mismo. ¿Por qué no nos entregamos enteramente a El? No existe otro camino que el de la cruz. Nuestro viejo hombre fue crucificado con Cristo, para que el cuerpo del pecado sea deshecho, Romanos 6:6. Hemos sido resucitados juntamente con El, y nos ha hecho sentar en los cielos también con El, Efesios 2:5,6.

Así es como hemos conseguido la intimidad más completa con Dios, y hechos uno con El. Leemos que en el Monte Tabor los discípulos no vieron a ningún hombre, sino a Jesús solamente (porque habían estado mirando a Moisés y a Elías). Es sumamente bueno que Dios no nos conceda siempre las cosas que pedimos, para que en nuestra desesperación podamos ir más allá de "las cosas" y dejemos de orar por meras "bendiciones", de modo que podamos llegar a Dios mismo y descansar en El solamente. Porque teniéndolo a El, tenemos todo.

Nos parece que estará en orden una palabra final dirigida a quienes lloran porque creen que Dios los ha abandonado. Sus caras esperanzas han sido diferidas por mucho tiempo. Lloran en vano, y les parece que el Señor se hace el sordo. Los años van pasando, y las súplicas sinceras para que el Señor traiga a algún amigo querido al conocimiento de su amor parecen no tener respuesta. No pueden comprender por qué otras personas parecen recibir todo lo que piden, mientras que ellos no consiguen nada del trono de la gracia.

Para los tales tenemos una palabra de esperanza bendita y de aliento, en el sentido de que las demoras de Dios no son negativas. Forman parte de la disciplina de la fe. El quiere que persistamos, aunque no aparezcan las estrellas en la noche de nuestra pena. George Müller oró por más de cuarenta años por la conversión de dos amigos muy queridos. En cierta ocasión una persona le dijo en tono de burla, "Y, señor Müller, usted dice que todas sus oraciones son contestadas. ¿Qué me dice ahora?"

La respuesta que recibió fue: "Yo he orado al Señor durante largos años para que El se haga conocer a dos amigos a quienes amo. Hasta ahora no han aceptado a Cristo como su Salvador. Pero yo sé que llegarán a conocerle. Por eso digo que todas mis oraciones son contestadas". Poco tiempo después, Müller tuvo la satisfacción de saber que esos dos amigos, por quienes había intercedido tantos años, se habían rendido a Cristo y confesado su nombre. La fe, que por tanto tiempo había sido puesta a prueba, había triunfado.

Por eso no debemos descorazonarnos. La viuda de la parábola no lo hizo. El juez injusto ante el cual ella había pedido justicia ha sido descrito como un mundano que no temía a Dios ni tenía consideración por los semejantes, todo para acentuar el contraste de la bondad de Dios. La idea es que, si un juez malo accede a lo que le pide una viuda afligida, para que no lo moleste más con sus importunidades, ¡con cuánta mayor razón no lo hará el Padre celestial, cuya misericordia no puede ser medida, y quien responderá a quienes acuden a El de acuerdo a las necesidades y deseos de su corazón.

No, no debemos desesperar. Cuando venga la respuesta, será tanto más dulce. La bendición, cuando venga, será tanto más grande. El gozo será tanto más indecible, y la alabanza de gratitud tanto más jubilosa y sincera. La fe se convierte en fe verdadera después que ha sido probada. ¿Habéis orado durante años por algo que deseáis más que la vida? Recibiréis el deseo de vuestro corazón, y tendréis toda la eternidad para alabar al Señor por su fidelidad.

Cuando Daniel oró por su pueblo, los hijos de Israel, para que ellos pudieran ser libertados del cautiverio, recibió la visita del ángel Gabriel para que lo confortara, y le dijo, *"No temas; porque desde el primer día que dispusiste tu corazón a entender y a humillarte en la presencia de tu Dios, fueron oídas tus palabras; y a causa de tus palabras yo he venido . . . Mas el príncipe del reino de Persia se me opuso durante veintiún días; pero he aquí Miguel, uno de los principales príncipes, vino para ayudarme, y quedé allí con los reyes de Persia. He venido para hacerte saber lo que ha de venir a tu pueblo en los postreros días"* (Daniel 10:12-14).

¡Qué lección tenemos aquí para los intercesores descorazonados! "Los poderes de las tinieblas" se habían interpuesto. La demora había emanado del "abismo", no del cielo. Gabriel y sus ayudantes tuvieron que luchar con el príncipe de las tinieblas, antes de que la respuesta pudiera llegar. Todo el infierno lucha contra las oraciones de los santos, pero éstos no deben abatirse. El príncipe de este mundo es un enemigo derrotado. Así está declarado en Hebreos 2:14, donde se nos dice que el Señor

Jesucristo destruyó por medio de su muerte al que tenía el imperio de la muerte, es a saber, al diablo, y en Colosenses 2:15 leemos que el Señor despojó a los principados y potestades, sacándolos a la vergüenza pública, y triunfó sobre ellos.

Este enemigo, Satanás, tuvo que dejar el camino expedito a la victoria del Calvario, a la cual los cristianos testifican. Las puertas del infierno no han de prevalecer. Los cristianos son más que vencedores por medio de Aquél que los amó. Ningún creyente fiel y verdadero ha sido abandonado jamás por el gran Pastor de las ovejas. El que se mantiene firme en la oración, obtendrá la victoria tan seguramente como la salida del sol en el firmamento. Solamente que no hay que desmayar. Dios sabe mejor.

Guerrero cristiano, ¡no abandones la lucha! Tu oración ha sido oída desde el principio, como en el caso de Daniel. Los vientos contrarios no deben descorazonarte. Para ti es también, la palabra que le llegó al profeta Daniel, y para todos los intercesores: *"Al principio de tus ruegos fue dada la orden, y yo he venido para enseñártela, porque tú eres muy amado"* (Daniel 9:23).